정치의 모양

안성재 지음

어문학사

들어가면서

오늘날 '정치'라는 단어는 많은 이들에게 부정적인 이미지를 남기고 있습니다. "저 사람은 너무 정치적이야." 혹은 "발언이 너무 정치적이다!"라는 표현은 일상 속에서 흔히 들려오며, 그 의미는 단순히 이념이나 정책을 넘어서, 때로는 자기 이익을 위한 계산적 행위나 분열의 도구로 악용되고 있죠.

더욱이, 우리 사회의 정치인들은 국가와 국민을 위하는 대신 당 내부의 갈등과 정쟁에 몰두하며, 이 과정에서 국민들을 분열시키는 주범으로 지목되는 경우가 많습니다. 이처럼 정치에 대한 신뢰는 한층 더 흔들리고 있으며, 우리 모두는 '정치'의 본질에 대해 다시 한번 깊이 고민할 필요성을 느끼게 됩니다.

이 책은 이 같은 문제의식을 바탕으로, '정치'가 무엇인지 근본적인 질문에서 출발하여, 국민이 진정으로 바라는 올바른 정치의 방향은 무엇인지 살펴보고자 합니다. 또한 단순히 현상에 대한 비판에 머무르지 않고, 정치가 지닌 다양한 얼굴을 조명함으로써 우리 사회에 필요한 진정한 정치의 모양을 찾고자 합니다.

목차

1.

정치란
무엇인가?

1.

정치란
무엇인가?

정치(政治)란 무엇일까요?

한자 '정사 정(政)'은 '바를 정(正)'과 '칠 복(攵)'으로 이뤄져 있습니다.

바를 정

먼저 '바를 정(正)'의 가장 오래된 형태인 갑골문을 보면, '하늘 (□)'과 '그칠 지(止)'가 합쳐진 모양입니다.

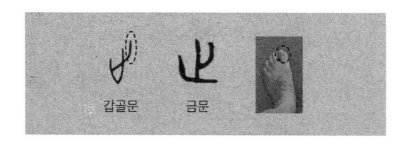

갑골문   금문

'그칠 지(止)'는 사람의 왼발을 그렸는데, 특히 엄지발가락을 도드라지게 묘사했죠. 이는 걸음을 걷다가 멈출 때 엄지발가락에 힘을 주기 때문에 그런 겁니다.

따라서 '바를 정(正)'은 하늘 앞에서 걸음을 멈춘다는 뜻을 지니죠. 그렇다면 이 행동은 무엇을 뜻할까요?

예를 들어서, 한 가족이 외식을 하려고 합니다. 어디서 먹을지 고민하다가 한 식당 앞에서 걸음을 멈춘다면, 이는 어떤 걸 의미할까요? 바로 이 식당에서 먹겠다고 결심을 한 거겠죠.

따라서 한 사람이 하늘 앞에서 걸음을 멈춘다는 건, 결국 하늘의 뜻을 따르겠다고 결심한 겁니다. 그리고 그것이 바로 올바른 자세라는 뜻이 되는 거죠.

바를 정

지도자 역시 마찬가집니다. 하늘의 뜻에 따라서 다스리는 인물이 올바른 지도자라는 겁니다. 결국 지도자의 일거수일투족이 모두 하늘의 뜻에 어긋나지 않고 바르게 이루어져야 한다는 거죠.

이어서 '칠 복(攵)'은 '오른손(又)'으로 '망치 같은 도구(卜)'를 든 모습을 표현한 문자이므로, '치다'라는 의미를 지닙니다.

政

정사 정

즉 '바를 정(正)'과 '칠 복(攵)'을 합친 '정사 정(政)'은 망치로 쳐서 바르게 한다는 의미를 지니므로, 사람의 잘못 즉 인재(人災)로 인해 일어나는 재앙을 바로잡는 것임을 알 수 있습니다.

治

다스릴 치

'다스릴 치(治)'는 '삼수(氵)변' 즉 '물 수(水)'와 '기쁠 이(怡)'의 옛 글자인 '기쁠 이(台)'가 합쳐진 것인데, 여기서 왼쪽의 '물 수(水)'는 홍수로 범람한 강을 뜻합니다.

기쁠 이

또 오른쪽의 '기쁠 이(台)'는 '입(ㅂ)'으로 안도의 한숨을 내쉬는 모양을 나타내서, '평온해지다, 가라앉다'라는 뜻을 가집니다.

治

다스릴 치

따라서 이 둘을 합친 '다스릴 치(治)'는 홍수로 범람한 강을 다 스려 평온하게 한다는 의미로 풀이할 수 있죠.

治

다스릴 치

 ⇨

즉 '다스릴 치(治)'는 사람의 힘으로는 어찌할 수 없는 자연현상 즉 천재(天災)로 인해 일어나는 재난을 해결하는 것임을 알 수 있을 겁니다.

인재(人災): 1995년 삼풍백화점 붕괴 사고 현장 [출처: 서울특별시 소방재난본부]

천재(天災)

요컨대, 정치(政治)라는 단어는 의미가 완전히 같지는 않지만 서로 통하는 두 한자를 조합하여 만든 단어라고 할 수 있습니다. 그러므로 '정치'라는 개념은 두 가지 측면에서 다가가야 하는데, 하나는 사람의 잘못으로 인해 일어나는 재앙을 고쳐 바로잡는 것이고, 또 하나는 자연현상으로 인해 일어나는 재난을 극복하는 것이 됩니다.

다시 말해서, 정치를 하려는 인물은 사람의 잘못으로 일어나는 인재(人災)와 자연현상으로 인해 일어나는 천재(天災) 이 두 가지를 모두 해결하여 백성들을 위기에서 구해 내야 하는 겁니다.

허리케인 '아이반' 피해 현장에서 브리핑을 받는 미국 제43대 대통령 조지 부시

2.

정치는
왜 하는가?

2.

정치는
왜 하는가?

『논어』「자로(子路)」편에 다음과 같은 구절이 있습니다.

13-16: 섭공이 정치에 대해 물었다. 공자가 말씀하셨다. "지도자가 자신의 영토 안에 살고 있는 백성들을 행복하게 하고, 또 그 소식을 전해 들은 타 지역 사람들이 몰려와 백성이 되도록 하는 데 있습니다."

따라서 우리에게 잘 알려진 『논어』 첫 구절 역시 이와 같은 뜻이 됩니다.

1-1: 공자가 말씀하셨다. 지도자가 배워서 부단히 익

히면, 백성들이 기뻐하지 않겠는가? 그렇게 되면 타 지역 사람들이 그 나라가 살기 좋다는 소식을 듣고 몰려와서 백성이 될 터이니 역시 즐겁지 않겠는가? 참된 지도자인 군자가 도를 배워 실천하는 건 남에게 칭찬을 받기 위해서가 아니다. 따라서 남들이 노고를 알아주지 않아도 화를 내거나 속상해하지 않으면, 이야말로 참된 지도자가 아니겠는가?"

1-1: "有朋自遠方來 , 不亦樂乎?"

"유붕자원방래, 불역낙호?"

"그렇게 되면, 자연스레 나라 밖의 본래 백성이 아닌 많은 사람들이 우리 나라가 살기 좋다는 소식을 듣고 몰려와서 지도자를 따를 터이니, 이 또한 지도자로서 즐거운 일이 아니겠는가?"

지금까지 많은 사람들이 '무리 붕(朋)'을 '벗 붕(朋)'으로 생각해서, "멀리서 친구가 찾아오면" 또는 "멀리서 자기와 뜻을 같이하는 이들이 찾아오면"으로 해석해 왔습니다.

그런데 그렇게 해석하면, 바로 앞 구절과 내용상 연결이 되지 않습니다. 게다가 먼 곳에 사는 친구가 찾아와야 기쁘다는 말인데, 그렇다면 가까이 사는 친구가 찾아오면 기쁘지 않은 걸까요?

朋

무리 붕

'무리 붕(朋)'은 본래 여러 개의 조개껍데기를 실로 꿴 모습을 문자로 옮긴 상형문자입니다. 개오지과 (Cypraeidae)의 카우리(cowry) 조개는 화려하고 광택이 나는 껍데기로 인해서 예로부터 귀히 여겨졌죠.

그래서 현대적인 화폐가 발달하기 전, 고대 사람들이 가운데에 구멍을 내어 실로 꿴 카우리 조개껍데기를 화폐로 썼다는 것이 정설로 인정받는답니다.

더군다나 『논어』의 다른 구절에서 '친구'라는 단어는 모두 '붕우(朋友)'나 '벗 우(友)' 또는 '예 구(舊)'로 표현하고 있죠.

『예기』에도 같은 내용이 반복됩니다.

옛날의 가르침은 집에는 글방(행랑방)이 있고, 향리에는 향학이 있으며, 취락에는 학당이 있고, 나라에는 국학이 있었다. 매년 입학하고, 매년 중반에 시험을 치렀다. 1년 차에는, 경을 나누고 뜻을 밝히는 것을 본다. 3년 차에는, 학업을 공경하고 벗들과 즐기는지를 본다. 5년 차에는, 널리 익히고 스승을 가까이하는지 본다. 7

년 차에는, 배움을 논하고 벗을 골라 뽑는 것을 보니 이를 일컬어서 소성(기본기 완성)이라고 한다. 9년 차에는, 대부분을 깨달아 통달하고, 굳건히 세워서 어긋나지 않으니 이를 일컬어서 대성(크게 이룸)이라고 한다. 무릇 그러한 후에는, 백성들을 교화시키고 풍속을 바꿀 수 있으니, 가까운 나라 안 백성들이 기꺼이 복종하고, 멀리 있는 나라 밖의 타 지역 사람들이 따르게 된다. 이것이 큰 배움의 길이다. -『예기』「학기」

2015년 터키의 한 해변에서 차가운 주검으로 발견된 시리아 난민 아동 세 살배기 알란 쿠르디(Alan Kurdi).

뮌헨 국가사회주의 희생자 광장의 알란 쿠르디(Alan Kurdi) 추모 헌화

이 사건은 시리아 난민 이슈의 심각성을 전 세계에 알렸습니다. 그렇다면 왜 시리아 국민들은 이처럼 목숨을 걸고 조국을 탈출하려고 하는 걸까요?

2011년 범아랍권 민주화 운동인 '아랍의 봄(Arab Spring)'이 시작된 이래, 지금까지도 진행형인 시리아 내전은 처음에는 바샤르 알아사드(Bashar al-Assad)의 독재 정권에 반대하는 민주화 요구 시위로 시작되었습니다.

바샤르 알아사드(Bashar al-Assad, 좌)와 그의 아버지 하페즈 알아사드(Hafez al-Assad, 우)

그는 아버지 하페즈 알아사드(Hafez al-Assad)를 이어 2000년에 시리아 대통령이 된 인물로, 자기를 반대하는 언론인과 운동가들을 체포하고 탄압하는 공포정치를 폈습니다.

　하지만 민주화 요구 시위는 점차 이슬람교 종파인 수니파와 시아파 간의 다툼으로 변했고, 나아가 이를 둘러싼 아랍 국가들의 이해관계 충돌 및 IS의 등장으로 인한 문제까지 발생했습니다. 심지어 러시아와 미국까지 개입함으로써, 이제는 비단 한 나라의 국내 정치 문제가 아닌 종교 그리고 이념을 둘러싼 외교 대리전의 성격까지 띠게 되었습니다. 이 내전으로 시리아 국민 수십만 명이 목숨을 잃었는데, 문제는 학교와 병원 등 국가 기반 시설이 대부분 파괴되었다는 거죠. 생존자 70%가 식수 부족으로 고통받고, 건물도 모두 붕괴되어 겨울에도 얇은 천막에서 잠을 청해야 합니다. 설상가상으로 아동을 대상으로 하는 성범죄와 노동 착취까지 난무합니다. 이런 상황에서도 조국을 등지지 않을 수 있을까요?

3.
정치는
무엇으로 하는가?

3.

정치는
무엇으로 하는가?

이처럼 정치의 목적은 내 나라 백성을 행복하게 하고, 나아가 타 지역 사람들이 몰려와 내 백성이 되게 하는 데 있습니다. 그렇게 하기 위해서, 지도자는 배워야 하는데요. 그렇다면 배움의 대상은 뭘까요?

하늘이 명한 것(天命)을 타고난 천성(性)이라 하고, 타고난 천성을 따르는 것을 도(道)라 하며, 도를 닦는 것(修)을 가르침(敎)이라고 한다. -『예기』「중용(中庸)」

正 묘

바를 정

앞에서 하늘의 뜻을 따라서 다스리는 인물이 올바른 지도자라고 했습니다. 그리고 하늘의 뜻을 따르는 것이 도(道)이죠. 따라서 올바른 지도자가 배워야 할 대상은 다름 아닌 도(道)가 되는 겁니다.

도(道)는 천성을 따르는 것이므로, 타고난 성질을 바꾸려 들거나 억지로 하면 안 되는 것임을 알 수 있습니다. 그리고 사람들에게 도(道)를 가르치는 것이 도(道)를 닦는 행위이죠.

옥은 다듬지 않으면 그릇이 되지 못하듯, 사람은 배우지 않으면 도(道)를 알지 못한다. 이러한 까닭에, 옛날에 임금은 나라를 세우고 백성을 다스림에 있어서 가르침과 배움을 먼저 행했다. -『예기』「학기(學記)」

여기서도 '사람이 배우지 않으면 도를 알지 못한다'라고 했으므로, 배움의 대상은 바로 '도(道)'가 됨을 다시 한번 확인할 수 있습니다.

그리고 스승은 타고난 천성을 따르는 것이 도(道)라는 것을 가르침(敎)으로써 더욱 정진하여 도(道)를 닦게 되고, 학생은 배움(學)으로써 도(道)가 뭔지 알게(知) 되는 겁니다.

이처럼 옛날의 가르침(敎)과 배움(學) 그리고 앎(知)은 모두 그 대상이 도(道)가 됩니다.

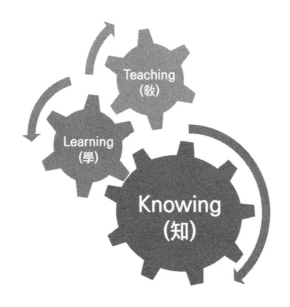

이를 통해서 가르치고(敎) 배움으로써(學) 알게 되는(知) 삼위일
체의 과정이 완성되죠. 또 다음 기록을 보겠습니다.

공자가 애공을 모시고 앉았다. 애공이 말했다. "감
히 묻겠소. 사람의 도(道)는 무엇을 큰 것으로 여기오?"
공자가 엄정하게 낯빛을 고치고는 대답했다. "사람의
도(道)는 정치를 큰 것으로 여깁니다." 애공이 말했다.
"감히 묻겠는데, 어떤 걸 정치를 한다고 하는 것이오?"
공자가 대답했다. "정치는 바로잡는 것입니다. 임금이

바르게 하면, 곧 백성들이 정치에 따릅니다. 임금이 행하는 바는, 백성이 따르는 바입니다." -『예기』「애공문(哀公問)」

이처럼 지도자가 배워야 할 것이 '도(道)'이고, '도(道)'는 정치와 직결되며, 정치는 잘못된 걸 바로잡는 것입니다. 따라서 『논어』에는 다음과 같은 내용들이 이어집니다.

8-14: "세상에 도(道)가 있으면, 곧 드러내고; 도(道)가 없으면, 곧 숨는다. 나라에 도(道)가 있는데도 빈천하면, 부끄러운 것이요; 나라에 도(道)가 없는데도, 부귀하면, 부끄러운 것이다."

14-1: "나라에 도(道)가 있으면, 녹을 받는데; 나라에 도(道)가 없는데도, 녹을 받는 것은, 수치이다."

14-3: "나라에 도(道)가 있으면, 말과 행실을 엄정하게 하고; 나라에 도(道)가 없으면, 행실을 엄정하게 하되 말은 공손하게 할 것이다."

19-19: "윗사람이 도(道)를 잃어서, 백성들이 떠난 지 오래되었다."

이를 통해서, 한 나라에 '도(道)'가 있으면 정치가 안정되지만, 없으면 나라 정치가 혼란스럽게 됨을 알 수 있습니다.

4.

도(道)는
무엇인가?

4.

도(道)는
무엇인가?

그렇다면 지도자가 배워야 할 대상인 '도(道)'는 과연 무엇일까요?

갑골문

'길 도(道)'의 가장 오래된 모양인 갑골문은 사람이 네거리에서 예절 바르게 서 있는 모습을 하고 있습니다. 따라서 '길 도(道)'는 '예를 갖춘 사람이 걸어야 하는 길'이라는 뜻을 지닙니다.

갑골문

　‘사람 인(人)’의 갑골문은 사람이 두 손을 모으고 허리를 굽혀서 예(禮)를 행하는 모습을 하고 있죠. 즉 사람은 예(禮)를 아는 존재라는 겁니다.

그래서 사람과 동물을 구분하는 기준이 바로 예의 유무입니다.

앵무새는 말할 수 있지만 조류를 떠나지 못하고, 성성이(오랑우탄)는 말할 수 있지만 동물을 떠나지 못한다. 이제 사람에게 예가 없으면 비록 말할 수 있어도, 역시 동물의 마음이 아니겠는가? 무릇 동물은 예가 없기 때문에, 따라서 아비와 아들이 암컷을 함께 하고 있는 것이다. 이러한 까닭에 성인이 일어나, 예를 만듦으로써 사람을 가르치고, 사람으로 하여금 예가 있도록 함으로써, 스스로가 동물에 다름을 알게 한 것이다. -『예기』「곡례상(曲禮上)」

즉 사람으로 태어났다고 인권을 주장할 수 있는 건 아닙니다. 사람이 사람일 수 있는 이유는, 바로 예를 아는 데 있는 겁니다.

금문

갑골문의 다음 형태인 금문부터는 '사람 인(人)'이 새 머리를 닮은 '머리 수(首)'로 대체되는데, 또 다른 금문을 보면 '머리 수 (首)' 밑에 사람의 발바닥 모양인 '그칠 지(止)'가 붙기도 합니다.

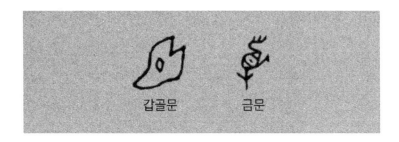

갑골문   금문

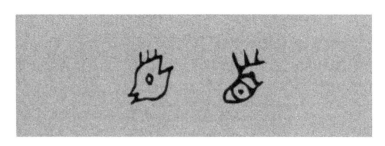

　'머리 수(首)'의 갑골문은 여우나 개 머리와 비슷한 반면, 금문에서는 새 머리와 더 비슷한 형태로 바뀌는데요.

사람이나 동물은 어느 곳으로 가려고 할 때 먼저 목적지가 있는 방향으로 머리를 향합니다. 따라서 머리는 앞으로 나아가는 방향을 나타냅니다.

그리고 네거리를 나타내는 '다닐 행(行)'과 '그칠 지(止)'가 합쳐져서 '쉬엄쉬엄 갈 착(辶)'이 만들어졌는데, 이는 가다 멈춤을 반복하면서 쉬엄쉬엄 간다는 뜻을 지녔죠.

목적지가 눈앞에 있는데도 쉬엄쉬엄 가려는 사람은 없습니다. 오히려 더 빨리 도착하려고 걸음을 재촉하겠죠.

그렇다면 사람들은 어떤 상황에서 쉬엄쉬엄 가려고 할까요? 바로 언제 도착할지 모르는, 끝이 보이지 않는 길을 걸을 때입니다.

그러므로 도(道)는 예를 갖춘 사람이 머리(首)를 목적지 방향으로 두고 평생 동안 쉬엄쉬엄 가야 하는(辶) 길을 뜻합니다.

　도(道)는 정치와 직결된다고 했죠? 따라서 도(道)는 바로 지도
자가 평생을 두고 천천히 걸어가야 하는 길, 즉 정치적 리더십
(leadership)을 뜻합니다.

5.

도(道)에는
몇 가지가 있는가?

5.

도(道)에는
몇 가지가 있는가?

    그렇다면, 리더십을 뜻하는 '도(道)'에는 몇 가지가 있을까요? 다음 기록을 살펴보겠습니다.

    애쓰지 않아도 스스로 진실한 무위자연(無爲自然)은 하늘의 도, 즉 천도(天道)이다. 반면 작위(作爲)하여 애써 노력함으로써 진실하게 하는 것은 사람의 도 즉 인도(人道)이다. 누가 뭐라고 하지 않아도 타고난 천성에 따라서 스스로 진실한 사람은 굳이 그렇게 하려고 힘쓰지 않아도 중(中)하고, 또 굳이 생각하지 않아도 얻게 되어서 차분하게 순리적으로 도(道)에 들어맞는데, 이는 대동 사회를 이끈 삼황오제(三皇五帝)와도 같은 성인만이 할 수 있는 것이다. 반면에 작위하여 애써 노력함으로써 진실하게 한다는 것은 선(善)을 가리어 굳게 잡음으로써 도(道)에 들어맞게 하는 것이니, 이는 소강 사회를 이끈 군자들이 부단히 노력하여 실천하려고 했던 것이다. -『예기』「중용(中庸)」

따라서 '도(道)'에는 두 가지가 있습니다. 하나는 천성에 따라서 억지로 작위하지 않는 '무위자연'의 하늘의 도(道)이고, 또 하나는 통제의 명분을 보다 세분화하여 인위적으로 통제하는 사람의 도(道)입니다.

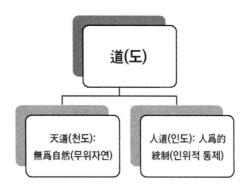

'천도'는 대동 사회를 이끈 성인의 리더십인 반면, '인도'는 소

강 사회를 이끈 군자의 리더십이 되는 거죠. 하늘의 도에 대한 구체적인 내용은 노자의 『도덕경』이 다루는 내용입니다. 특히 노자는 '천도'를 설명할 때마다, 그 이름을 종종 '대도(大道)'라고 표현하기도 하는데요. 그 이유는 '하늘 천(天)'과 '큰 대(大)'가 사실상 같은 뜻이기 때문입니다.

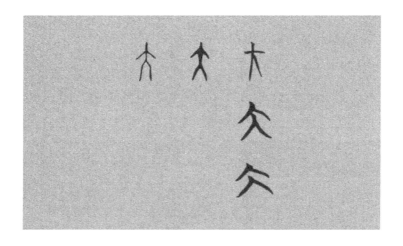

'큰 대(大)'는 산 뒤에 더 큰 산이 있는 모습을 그렸습니다. 산은 이미 큰데 그 뒤에 더 큰 산이 보이니, 훨씬 크다는 뜻이죠.

‘하늘 천(天)’은 ‘큰 대(大)’ 위에 있는 하늘(‘ㅁ’ 또는 ‘ㅇ’)의 모습을 그렸습니다. 산 위로 우뚝 솟은 더 큰 산이 있는데, 심지어 그 산보다도 더 위에 있으니, 이는 어떤 존재보다도 높고 큰 하늘이라는 뜻을 지니죠.

그러므로 ‘하늘 천(天)’과 ‘큰 대(大)’는 모두 작음에서 멀리 떨어져 있음을 뜻합니다. 즉 ‘하늘의 도’인 천도(天道)와 ‘커다란 도’인 대도(大道)는 모두 우리가 알고 있는 일반적인 상식을 초월한, 훨씬 심오하고 위대한 도리라는 뜻을 갖고 있는 겁니다.

노자는 『도덕경』에서 ‘천도’ 또는 ‘대도’를 설명할 때마다 그 행위 주체를 ‘성인(聖人)’이라고 명시합니다. 그래서 『도덕경』에는 ‘성인’이라는 단어가 31차례 등장하는 반면, ‘군자(君子)’는 겨우 2차례에 불과하죠.

반면 공자는 『논어』에서 ‘인도’를 설명할 때마다 그 행위 주체를 ‘군자’라고 드러내고 있습니다. 그래서 『논어』에는 군자라는 단어가 107차례 등장하는 반면, ‘성인’은 4차례만 나옵니다.

따라서 다음과 같이 정리할 수 있습니다.

하늘의 도: 노자의 『도덕경』이 다루는 내용-대동 사회 성인의 리더십

사람의 도: 공자의 『논어』가 다루는 내용-소강 사회 군자의 리더십

대동(大同)은 삼황오제(三皇五帝)라고도 불리는 '성인'이 통치하던 가장 이상적인 시대를 가리킵니다. 사람들이 서로를 가족처럼 여겼고 노인, 어린이, 과부, 고아, 장애인 등 사회적 약자 모두가 보살핌을 받았습니다. 또한 재물이 독점되지 않고 공공의 이익을 위해 사용되어 백성들이 갈등 없는 평화를 누렸습니다. 특

히 오제(五帝) 중 마지막 두 인물인 요임금과 순임금 때 태평성대를 이뤘으므로, 지금까지도 요순시대를 태평성대라고도 부릅니다. 그래서 중국 최초의 통일을 이룩한 진시황제는 자신의 업적이 삼황오제에 견줄 만하다고 스스로 여겨서, 삼황의 '황'과 오제의 '제'를 자신의 칭호로 삼았습니다. 이것이 바로 '황제(皇帝)' 칭호의 시작이죠.

여섯 군자 중 한 사람인 주나라 성왕의 일화 '동엽봉제'를 묘사한 회화

하지만 인류의 마음에 점차 이기심이 싹터서 서로 더 가지려고 싸우기 시작하자, 세상이 혼란에 빠졌습니다. 이에 하나라 우, 상나라 탕, 주나라 문왕, 무왕, 성왕, 주공 여섯 명의 '군자'가 차례로 등장하여 의로움(義)과 예(禮)로 다스리고, 어기는 자는 신분의 고하를 막론하고 처벌하자, 세상이 잠시 평온해졌습니다. 이것이 소강(小康) 사회입니다. 그래서 지금도 잠시 평온해졌을 때, '소강상태'라는 표현을 쓰고 있죠.

그러나 대동 사회의 리더십인 '천도(하늘의 도)'와, 소강 사회의 리더십인 '인도(사람의 도)'는 전혀 다른 별개의 것이 아닙니다. '인도'는 '천도'에서 출발하여 더 세분화된 것이기 때문이죠. 즉 '인도'는 '천도'를 기반으로 하여, 더 발전 및 확대된 형태인 겁니다.

그도 그럴 것이, '군자'는 '성인'의 가르침인 천도를 기반으로 하여 인도를 만들었기 때문인데요. 작은 씨앗이 '천도'라면, 다 성장한 나무는 '인도'가 되는 것이죠. 따라서 천도와 인도를 도표로 그리면 다음과 같습니다.

전제: 신중(愼) 신뢰(信)

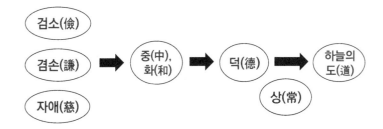

전제: 신중(愼) 신뢰(信)

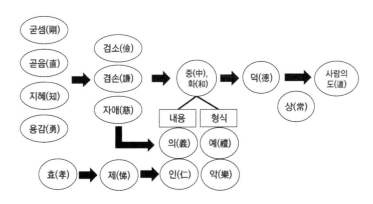

보다시피 '천도'는 모두가 화목하게 살아가는 안정된 사회를 다스리는 리더십이므로, 원칙만을 강조합니다. 반면 '인도'는 사람들이 이기심으로 인해 서로 싸우는 혼란스러운 사회를 통제해야 하는 리더십이므로, 원칙만 강조해서는 안 됩니다. 따라서 대원칙이 되는 천도를 기반으로 하되, 더 세분화하여 상황에 맞게 통제력과 구속력을 강화하고 있죠.

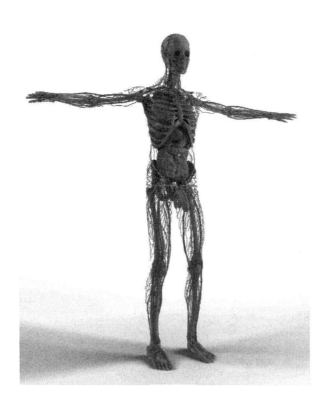

이처럼 '리더십'이란 뜻을 지닌 '도(道)'는 사실 실체가 없습니다. 왜냐면 '도'는 수많은 구성 요소들을 모아서 하나의 유기체로 만드는 총칭에 불과하기 때문입니다. 마치 뼈, 근육, 피부, 장기, 혈액 등으로 구성된 육체와 뇌를 통해서 이뤄지는 사고력을 지칭하는 정신이 합쳐져야 비로소 온전한 '인간'이라는 총칭이 완성되듯이 말입니다. 그리고 수많은 구성 요소들 중 어느 하나라도 빠지면 온전한 '인간'이라고 할 수 없듯이, '도' 역시 어느 하나라도 부족하면 '도'라고 할 수 없습니다.

6.

어떻게 도(道)에
도달하는가?

6.

어떻게 도(道)에
도달하는가?

그렇다면 수많은 구성 요소를 하나로 아우르는 총칭인 도(道)에 도달하기 위해서는 어떻게 해야 할까요?

6-1. 기초공사

먼저 바탕이 되는 신뢰(信)와 신중(愼)의 자세를 실천해야 합니다. '도'가 고층 빌딩이라면, 신뢰(信)와 신중(愼)은 기초와 같습니다. 기초공사 없이 건물을 지을 순 없는 노릇이죠.

1) 신뢰(信): 내뱉은 말은 반드시 지키는 자세

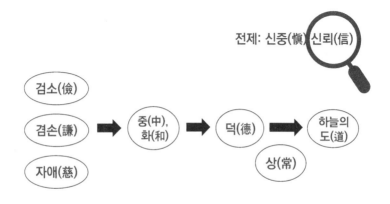

노자와 공자는 신뢰의 중요성에 대해 다음과 같이 강조했습니다.

> 17-3: 통치자의 신뢰가 부족하면, 통치자에 대한 불신이 생긴다. -『도덕경』

2-22: 공자가 말씀하셨다. "사람이 신뢰가 없으면, 옳은 것을 알지 못한다. 큰 수레에 끌채 끝 쐐기가 없고, 작은 수레에 끌채 끝 쐐기가 없으면, 어떻게 그것이 갈 수 있겠는가?" -『논어』

특히 공자는 지도자에게 있어서 신뢰(信)란 마치 끌채 끝 쐐기와 같다고 설명했는데요.

끌채 끝 쐐기는 소나 말과 수레를 연결시켜 주는 고정 장치입니다. 소나 말의 힘이 수레로 전달될 수 있게 도와주죠. 만약 끌채 끝 쐐기가 없다면 어떻게 될까요? 수레는 앞으로 나아가지 못합니다. 여기서 공자는 소나 말을 지도자로, 수레를 국민으로 빗대어 설명하고 있습니다. 그리고 소나 말과 수레를 연결시켜 주는 장치가 끌채 끝 쐐기라면, 지도자와 국민을 연결시켜 주는 장치가 바로 신뢰(信)라고 말하고 있죠. 즉 지도자의 신뢰가 부족하면, 국민은 지도자를 따르지 않는다는 겁니다.

잘레우쿠스(Zaleucus)는 B.C. 7세기 로크리(Locri)에서 활동한 고대 그리스의 입법자이자, 최초의 그리스 법인 로크리안 법전

잘레우쿠스(Zaleucus) [출처: Jean-Pol Grandmont]

(Locrian code)을 편찬한 인물로 알려져 있습니다. 당시 그리스에서는 간통죄를 범한 시민에게 두 눈을 잃게 하는 형벌을 내렸는데, 잘레우쿠스의 아들이 간통죄로 유죄 판결을 받았습니다. 하지만 잘레우쿠스는 아들의 무죄를 주장하지 않았습니다. 다만 아들이 한쪽 눈 시력을 잃었을 때 나머지는 자신의 한쪽 눈으로 처벌을 대신하여 법을 충실히 따르는 한편 자식을 위하는 아비로서의 역할도 역시 다하고자 했을 뿐이죠. 잘레우쿠스의 모습을 지켜본 백성들은 그 후로 어떤 마음가짐을 갖게 되었을까요? 이처럼 자신이 내뱉은 말은 반드시 지키는 것이 신뢰입니다.

반면 국민들에게 신뢰를 잃게 되면, 지도자 자리에서 물러날 수밖에 없습니다.

보리스 존슨(Boris Johnson) 영국 제77대 총리는 2020년부터 2021년까지, 코로나19 팬데믹 대응을 위해 전국적인 봉쇄 조치를 시행했습니다. 정부는 국민들에게 가족 간 모임, 장례식, 결혼식 등 대부분의 사적 만남을 금지했고, 위반 시 벌금을 부과했죠. 국민들은 정부의 조치가 고통스럽지만, 필요한 것이라 믿고 따랐습니다.

보리스 존슨(Boris Johnson)

그런데 2021년 12월, 영국 공영방송 ITV 뉴스가 2020년 5월과 12월, 코로나 봉쇄 기간 중 총리 관저에서 음주 파티와 크리스마스 모임이 열렸다는 내부자 제보를 보도했습니다. 총리 관저인 '다우닝가 10번지에서 수십 명의 직원이 와인과 간식을 나누며 파티를 열었다'라는 것이었습니다. 당시 영국은 2명 이상의 실내 모임을 금지하던 시기였기에, 파장은 컸습니다.

며칠 뒤, "Bring Your Own Booze(BYOB)"라는 문구가 적힌 총리실 고위 보좌관의 이메일 초대장이 언론에 유출되면서 파문이 더욱 커졌는데요. 이 이메일은 2020년 5월, 총리실 정원에서 열린 파티에 "술을 각자 준비해 오라"라는 초대장이었으며, 존슨 총리도 참석한 것으로 확인됩니다.

2022년 초 런던 경찰이 조사에 착수했고, 4월 보리스 존슨은 방역 수칙 위반으로 벌금을 부과받았습니다. 이 사건은 그의 리더십에 치명타를 입혀서, 여당인 보수당 내에서조차 불신이 퍼졌고, 결국 2022년 7월 그는 당 대표직과 총리직에서 모두 물러나야만 했습니다.

2) 신중(愼): 언행을 가벼이 하지 않는 자세

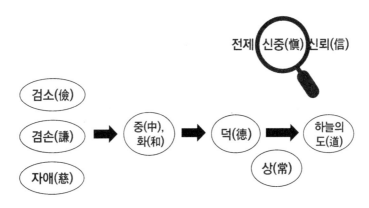

노자와 공자는 신중함의 중요성에 대해 다음과 같이 강조했습니다.

63-5: 무릇 쉬이 승낙하면 반드시 신용이 적어지고, 지나치게 쉬이 보면 반드시 재난이 많아진다. -『도덕경』

1-8: 공자가 말씀하셨다. "군자라고 할지라도 신중하지 못하여 경거망동하면, 높고 엄숙함을 잃어 신임을 잃게 되고, 도를 배워도 결국 자기의 것으로 만들어 실천할 수 없게 된다. 따라서 객관적이고도 공정한 자세와 내뱉은 말은 반드시 지키는 신뢰를 중시하고, 자기보다 못한 사람은 배울 것이 없으므로 가까이하지 말며, 잘못을 저지르면 주저하지 말고 뉘우쳐서 고쳐야 한다." -『논어』

앙겔라 메르켈(Angela Merkel) 총리는 화려한 언변으로 사람들을 매혹시키는 정치인이 아니었습니다. 대신, 그녀는 신중함으로부터 비롯된 신뢰를 무기로, 가장 불확실한 시대에 독일을 이끌었죠. "난민을 받아들이겠습니다!" 2015년, 유럽 전역은 시리아 내전으로부터 도망쳐 온 난민들로 흔들리고 있었습니다. 대부분의 유럽 국가는 국경을 닫았고, 유럽연합의 결속은 위태로웠는데요. 그때 메르켈은 단 한마디로 세계의 주목을 받았습니다. "Wir

앙겔라 메르켈(Angela Merkel)

schaffen das(우리는 해낼 수 있습니다)." 그녀는 약 100만 명의 난민을 받아들일 것을 결정했습니다. 하지만 그 한마디는 결코 충동에 서 나온 것이 아니었습니다. 메르켈은 수개월간 유엔, EU, 인권 단체, 자국 관료들과 조용히 논의하고, 통계와 예측 자료를 직접 검토한 뒤에 그 말을 꺼냈던 겁니다. 그녀는 그 결정으로 엄청난 정치적 비난을 감수해야 했습니다. 여론은 갈렸고, 일부 정치인은 그녀를 가리켜 '독일을 팔아먹은 사람'이라면서 비난하기도 했죠. 하지만 메르켈은 말한 것을 끝까지 책임졌고, 결국 독일 사회는 다문화적 관용을 유지하며 위기를 넘겼습니다. 이 결정은 지금도 "정치가 어떻게 도덕과 실용의 균형을 잡을 수 있는가"를 보여 주는 교본처럼 인용되고 있습니다.

메르켈은 평생을 통해 '경거망동하지 않는 법'을 실천해 왔습니다. 매사에 신중하고, 그 어떤 질문에도 즉답을 피하고 "한 박자 멈춘 뒤" 말하는 습관이 있었는데요. 이는 동시대의 많은 정치인들과는 정반대의 태도였습니다. 기자들이 어떤 자극적인 주제를 던져도, 메르켈은 정제된 어휘로, 최대한 감정을 배제한 채 설명했습니다. 국회 연설에서도 군중의 박수를 이끌어 내려는 말은 거의 없었죠. 그녀의 언어는 조용했고, 대신 그 조용함은 무게를 지니고 있었습니다. 그녀는 함부로 자신을 드러내지 않았지만, 그 침묵 속에는 수십 년의 철학과 신념이 깃들어 있던 겁니다.

이제 그녀와는 정반대 모습을 보여 준 지도자를 살펴볼까요?

앞서 언급한 영국 제77대 총리 보리스 존슨은 반백신(anti-vac-cine)주의자였습니다. 그는 코로나19가 창궐하던 초창기에 "우리는 환상적인 검사와 환상적인 감시 체계를 가지고 있다"라고 말하며, 의료진의 경고에도 불구하고 손만 잘 씻으면 코로나19에 걸리지 않는다면서 사람들과 악수하고 다녔고, 이후 영국에서 코로나 확진자 수가 급증하자 집단 면역을 고려한다면서 가족을 잃는 슬픔에 대비해야 한다고 말해 국민의 반발을 샀습니다. 그러다가 2020년 3월 세계 정부 수반 중 최초로 코로나19에 감염

되고, 보건 차관과 보건 장관까지 확진 판정을 받았죠. 4월 중순 완치 판정을 받은 직후 그는 자진해서 모든 예방주사를 접종한 후에야 퇴원했고, 초췌한 얼굴로 등장해 의료진과 제약 회사들이 진정한 영웅이라고 치켜세우면서 결국 반백신주의를 반성했습니다.

이제 기초공사를 마쳤으니, 그 위에 한 층씩 올려서 '도'라는 건물을 완성해 볼까요? 먼저 1층을 지어 보죠.

1) 검소(儉): 백성의 혈세로 채운 곳간을 함부로 낭비하지 않음

전제: 신중(愼) 신뢰(信)

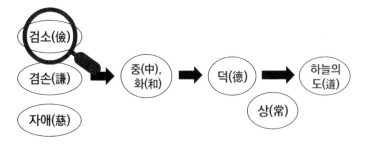

노자와 공자는 검소함의 중요성에 대해 다음과 같이 강조했습니다.

> 53-3: 정부는 낙하산 인사로 넘쳐 나서 부패하기 그지없고, 걸핏하면 백성을 동원한 결과로 논과 밭은 온통 잡초로 뒤덮였으며, 지도자가 사치해서 나라 곳간은 텅 비어 있다. -『도덕경』

> 11-13: 노나라 사람이 '장부'라는 창고를 만들었다. 민자건이 말씀하셨다. "옛것을 그대로 쓰면 어떤가? 굳이 새로 지어야 하는가?" 공자가 말씀하셨다. "이 사람은 평소에 말을 많이 하지 않지만, 일단 말을 하면 반드시 정곡을 찌른다." -『논어』

1993년, 캐나다는 말 그대로 재정 파탄 직전이었습니다. GDP 대비 정부 부채는 70%를 넘고, 국가 신용 등급은 하락 위기에 몰렸으며, 국제 투자자들은 "캐나다는 더 이상 안전한 나라가 아니다"라고 평가하기 시작했죠. 한 나라의 곳간이 텅 비어 가는 순간이었습니다. 그 시점에서 새로 총리가 된 장 크레티앵(Jean

장 크레티앵(Jean Chrétien, 좌)과 폴 마틴(Paul Martin, 우)

Chrétien)과 재무장관 폴 마틴(Paul Martin)은 뭔가 단호한 조치를 취해야 했습니다. 1994년, 캐나다 연방 정부는 전례 없는 정책을 시행합니다. 이름하여 "프로그램 검토(Program Review)". 그 내용은 단순하지만 강력했습니다. 모든 부처와 공공기관이 다음의 세 가지 질문에 답하도록 한 것이죠.

1) 이 프로그램은 꼭 필요한가? 2) 정부가 반드시 해야 할 일인가? 3) 민간이 더 잘할 수는 없는가?

더는 관례나 정치적 압력으로 예산을 유지할 수 없었습니다. 심지어 관료들은 자신들의 프로그램이 폐지될 수도 있다는 현실을 받아들여야 했는데요. 전 부처가 일제히 제로 베이스에서부터 예산을 다시 설계했고, 중복되거나 실효성이 없는 사업은 과감히 통폐합 또는 폐지했습니다.

대표적 사례로, 캐나다 보건부 산하에 있던 국민건강홍보센터를 들 수 있습니다. 이 기관은 각종 건강 캠페인을 운영하고, 브로슈어를 제작하며, 홍보 영상을 만드는 역할을 했습니다. 하지만 프로그램 검토 위원회는 이 기관을 폐지했고, 그 예산은 국민 건강 데이터베이스 구축과 공공 병원 감염 관리 강화 예산으로 전환되었습니다. 3년 뒤, 캐나다는 놀라운 결과를 맞이하게됩니다. 1993년 420억 캐나다 달러에 달했던 재정 적자가, 1997년 흑자로 전환되었습니다. GDP 대비 부채 비율은 70%대에서 60% 이하로 감소했죠. 그리고 국가 신용 등급이 회복되면서, 해외투자 유입이 증가되었습니다.

반면 한순간의 잘못된 판단으로, 국가 재정이 큰 타격을 입은 사례도 있습니다.

스페인은 1990년대와 2000년대 초반 부동산 붐을 겪으며 대규모 인프라 개발 프로젝트를 추진했습니다. 이 과정에서 필요성을 충분히 검토하지 않은 상태로 공항, 고속도로, 철도 등의 시설을 과잉 건설했는데요. 예를 들어 시우다드레알 국제공항

(Ciudad Real International Airport)은 마드리드의 혼잡을 완화하고 지역 경제를 활성화하려는 목적으로 기획되었고, 건설에 약 10억 유로(약 1조 4천억 원)가 투입되었습니다. 하지만 이는 제대로 된 시장 조사가 이루어지지 않은 상태에서 추진된 기획이었죠. 그 결과, 시우다드레알 국제공항은 인구 밀도가 낮고 마드리드에서의 접근성이 충분히 확보되지 않은 지역에 지어지게 되었습니다. 항공사가 이 공항을 거의 이용하지 않는 것은 자연스러운 일이었고, 결국 개항 4년 만인 2012년에 공항은 폐쇄에 이르렀습니다. 시우다드레알 국제공항은 2019년 경매로 약 1,000만 유로(건설 비용의 1%)에 매각되었습니다. 스페인은 이러한 과잉 개발과 부동산 버블로 인해 2008년 금융 위기 당시 큰 경제적 타격을 받았습니다.

2) 겸손(謙): 나를 버리므로, 나를 이룬다

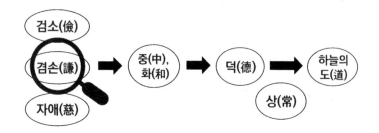

노자와 공자는 겸손함의 중요성에 대해 다음과 같이 강조했습니다.

7-3: 이는 자기를 사사로이 하지 않았기 때문이 아닌가? 그러므로 사사로움을 이룰 수 있었다. -『도덕경』

6-13: 공자가 말씀하셨다. "맹지반은 자기의 공로를 결코 자랑하지 않는다. 패전하여 도망갈 때 퇴각군의 후미에 처져 쫓아오는 적군들을 상대하다가, 성문을 들어가려 할 때, 그 말을 채찍질하며 말하기를: '감히 뒤처진 것이 아니라, 말이 나아가지 않은 것이다.'" -『논어』

여기서 소개할 인물은 바로 23년간 연임하여 '스웨덴의 가장 긴 총리'라는 별명을 가지고 있는 타게 엘란데르(Tage Erlander)입니다. 원래는 스웨덴 역사상 가장 긴 시간 동안 총리직을 맡았다는 의미로 만들어졌지만, 키가 무척 커서 붙여진 별명이기도 했죠. 그는 재임 기간에 국가가 국민을 보호하는 따뜻한 '국민의 집'이 되도록 만들려고 노력했습니다. 하지만 무엇보다 여기서 그를 언급하는 이유는 바로 그가 이른바 '목요 클럽'의 창시자이기 때문입니다. 당시 스웨덴 역시 좌파와 우파의 갈등, 그리고 노사 문제 등으로 골머리를 앓고 있었고, 이는 복지국가 건설에 큰 장애가 되었습니다. 이때 알렌데르 총리는 "난 목요일이 한가하니, 목요일 저녁에 함께 식사하며 얘기합시다!"라고 제안했습니다. 그 후 매주 목요일마다 만찬 형식으로 개최된 '목요 클럽'은 비슷한 생각을 지닌 사람들끼리 모여 자신들의 입장을 확고히 다지는 유유상종 모임이 아니라, 서로 다른 생각을 가진 사람들이 각자의 입장에서 터놓고 의견을 나눌 수 있는 대화의 장으로서 마련되었습니다. 23년 동안 정이 조금씩 쌓이면서, 서로를 이해하게 되고 궁극적으로는 마음의 벽을 허물 수 있게 된 겁니다. 또 이 자리를 통해서 자신이 그간 알지 못했던 인재들을 발굴하여 기용할 수 있었습니다. 그렇게 스웨덴은 선진 복지국가

타게 엘란데르(Tage Erlander)

로 도약했습니다. 1969년 그가 총리직을 퇴임할 때 머무를 집이 없자, 스웨덴 국민들이 그에게 별장을 지어 준 것은 또 하나의 유명한 일화입니다. 그만큼 지도자가 근검절약하고 나를 버리며 오로지 백성을 섬기는 자세로 일관했으니, 어찌 백성들이 그러한 지도자를 진심으로 따르지 않을 수 있고 또 잊을 수 있겠습니까? 그러므로 그 이름은 잊히지 않고, 지금은 물론 앞으로도 전해져 내려갈 겁니다.

하지만 이와 상반된 경우도 있습니다. 니콜라 사르코지(Nicolas Sarkozy)는 2007년 프랑스 대통령에 취임하며 젊고 개혁적인 이미지로 많은 주목을 받았습니다. 그러나 재임 초기부터 과도한 자기 과시와 사치스러운 소비 행태로 인해 사회적 논란에 휩싸이게 됩니다. 고급 브랜드의 의류와 시계 착용, 유명 인사들과의 공개적 교류, 호화 요트에서의 휴가 등으로 인해 그는 언론과 대중으로부터 '블링블링(blin-bling) 대통령'이라는 별명을 얻게 되었습니다. 대통령의 공식 거처인 엘리제궁조차 일각에서는 공적인 품위보다 사적인 명예와 과시의 공간으로 비치기도 했습니다.

또한 그는 재임 첫해에 대대적인 부자 감세 정책을 추진하며 "부유층과 가까운 대통령"이라는 이미지를 더욱 굳히게 됩니다.

니콜라 사르코지(Nicolas Sarkozy)

일반 시민들이 경제 불황 속에 어려움을 겪고 있을 때, 사르코지 대통령은 고소득층 인사들과 골프 및 와인 모임을 갖는 등의 행보로 서민과의 정서적 괴리를 낳았고, 이로 인해 '엘리트주의적' 이라는 비판도 받았습니다.

그의 정치적 시련은 퇴임 이후 본격화됩니다. 2011년, 리비아의 독재자 무아마르 카다피(Muammar Gaddafi)가 프랑스의 군사 개입으로 실각한 이후, 카다피 측 인사들로부터 "사르코지 후보 측에 불법적으로 수천만 유로의 대선 자금이 제공되었다"라는 주장이 제기되었습니다. 이에 따라 프랑스 사법 당국은 2018년 정식 수사에 착수하였고, 사르코지 전 대통령은 불법 정치자금 수수 및 부패 혐의로 기소되었습니다. 2021년 그는 해당 혐의에 대해 유죄 판결을 받고, 1년의 실형을 선고받았습니다.

3) 자애(慈): 약자와 아랫사람을 진심으로 아끼고 지켜 주는 자세

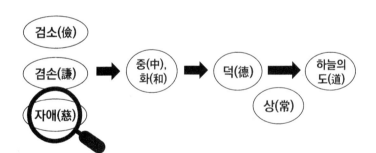

노자와 공자는 자애로움의 중요성에 대해 다음과 같이 강조했습니다.

76-3: 그러므로 강경한 것은 죽음의 부류이고, 유약한 것은 삶의 부류이다. 이 때문에 무기로 강박하면 곧 패배하고, 나무가 단단하면 곧 무기가 된다. 강대함은 아래에 처하고, 부드러움이 위에 처한다. -『도덕경』

17-4: 군자가 도를 배우면 자애로움으로 타인을 사랑하고, 피지배계급인 소인이 도를 배우면 그들 역시 지도자를 진심으로 섬기고 따르므로 일을 시키기 쉬워진다. -『논어』

아스널 FC(Arsenal Football Club)는 잉글랜드 프리미어리그(English Premier League, EPL)에 속한 축구팀입니다. 그리고 아르센 벵거(Arsène Wenger)는 프랑스 출신으로, 1996년 10월 아스널 최초의 외국인 감독이 됐습니다. 축구 감독은 전통적 의미의 감독인 매니저(manager)와 현대적 의미의 감독인 헤드 코치(head coach)로 나뉘는데요. 헤드 코치는 단순히 경기 운영과 훈련에만 신경 쓰지만, 매니저는 그 외에도 선수 이적이나 계약 등 모든 부분을 신경 써야 합니다. 벵거 감독이 부임했을 때 팀은 선수들의 음주와 흡연에 관대했고, 심지어 감독은 축구팀의 놀림감 대우를 받았습니

아르센 벵거(Arsène Wenger, 중앙)

다. 그러나 벵거는 아스널을 조금씩 바꿔 나갔고, 2003/2004 시즌에는 26승 12무의 무패 우승이라는 전무후무한 대업을 달성했습니다. 먼저 그는 스타플레이어에 의존하기보다 젊은 신인을 발굴하는 데 힘썼습니다. 잘 알려진 그의 명언으로는 "다른 팀들은 슈퍼스타를 사지만, 우리는 슈퍼스타를 만든다"라는 말이 있습니다. 또한 그는 선수들의 식사와 운동 그리고 수면 심지어 훈련장 햇빛의 양(일조량)까지 신경 썼는데, 이는 단순히 팀 성적을 위해서가 아닌 진심으로 그들을 챙기려는 동기에서 비롯된 것이었습니다. 그래서 선수들의 일상생활 및 가족 관계 안정에도 큰 관심을 기울였죠. 덕분에 그는 조금씩 선수들의 믿음을 얻을 수 있었습니다. 훈련을 시킬 때도 고압적으로 명령하지 않고, 그 훈련을 왜 해야 하는지, 또 그것이 어떤 성과를 거두기 위한 훈련인지 항상 설명해 줬다고 합니다. 그리고 자신의 훈련 방식에 대한 선수들의 의견에 경청하고, 그들이 지적하는 불합리한 부분을 인정하고 고쳐 나가는 모습도 보여 줬다고 하죠. 벵거 감독은 2018년 은퇴 직전 응한 인터뷰 내용에서 다음과 같이 말했습니다. "감독 일을 함에 있어서는 자신과 단절하는 법을 배워야 했어요. 자신에 대해서는 잊고, 오직 풀어야 할 문제 즉 팀만을 생각해야 했죠. 이제 은퇴하고 나서는 저 자신과 다시 연결하는 법을 배워야 할 것 같습니다." 그리고 아르센 벵거는 역사상 최고의 감독 중 하나로 존경받고 있습니다.

이제 이와 상반된 경우를 살펴볼까요? 로드리고 두테르테(Rodrigo Duterte) 전 필리핀 대통령은 2016년 대통령에 취임한 이후 가장 우선순위에 둔 정책으로 '마약과의 전쟁'을 추진했습니다. 그는 선거 기간부터 마약 범죄자들을 향해 "살해하라"라는 발언을 수차례 공개적으로 반복하였고, 취임 직후에는 경찰과 군, 심지어 시민들에게도 마약 용의자를 직접 제압하거나 신고할 것

로드리고 두테르테(Rodrigo Duterte)

을 권유하면서 전국적인 단속에 착수했습니다. 그 결과 수천 명의 국민이 사법 절차 없이 거리에서 사살되었죠. 필리핀 인권위원회와 국제 인권 단체에 따르면, 희생자 가운데는 마약 관련 혐의가 불분명하거나 무고한 시민, 청소년, 심지어 어린이까지 포함되어 있었고, 특히 빈민가 등 사회적 약자 계층이 주된 피해 대상이 되었습니다. 두테르테 전 대통령의 이러한 강경책은 국제사회로부터 강한 비판과 우려를 불러일으켰는데요. 유엔 인권이사회와 국제앰네스티, 휴먼라이츠워치 등은 초법적 처형과 체계적인 인권 침해 가능성을 지적하면서 독립적인 조사를 촉구하였고, 2021년 국제형사재판소(ICC)는 두테르테 정권하에서 이루어진 마약 단속 과정의 인권 침해에 대해 공식 수사에 착수한다고 발표했죠. 이에 필리핀 정부는 ICC 탈퇴를 선언했지만, 피해자 유족과 국내외 인권 단체들은 계속해서 책임 규명을 요구하고 있는 상황입니다.

6-3. 2층

이어서 2층을 지어 보도록 할까요?

1) 중(中): 한쪽으로 치우치지 않는 공정하고도 객관적인 자세

전제: 신중(愼) 신뢰(信)

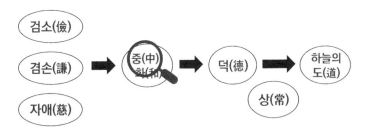

노자와 공자는 중(中)의 중요성에 대해 다음과 같이 강조했습니다.

77-1: 하늘의 도, 그것은 마치 활시위를 당기는 것과 같다.

77-2: 활시위를 당기기 전에 과녁보다 높게 조준하면 낮추고, 낮게 조준하면 높이며, 힘이 남으면 빼고, 힘이 부족하면 더해줘야 비로소 화살을 과녁에 맞힐 수 있다. -『도덕경』

2-14: 공자가 말씀하셨다. "도를 배우고 부단히 노력하여 실천하는 올바른 지도자인 군자는 어느 한쪽으로 치우쳐 편들지 않고 공정하게 판단하지만, 반면에 피지배계급인 소인은 한쪽으로 치우쳐 편들어 공정하게 판단하지 못한다." -『논어』

조지 워싱턴(George Washington)은 미국의 초대 대통령입니다. 그는 정당에 속하지 않은 유일한 미국 대통령이기도 했습니다. 당시 미국에서는 연방당과 민주공화당의 격렬한 대립이 이어지고

길버트 스튜어트 作, 조지 워싱턴(George Washington)의 초상

있었는데, 그는 특정 정당의 이익을 대변하기보다는 국가 전체의 이익을 고려하는 입장을 견지했습니다. 그래서 그는 고별 연설(1796년)에서 당파 싸움이 국가를 분열시킬 것이라 경고하며, 국민들에게 정당 정치에 휘둘리지 말 것을 당부하기도 했죠. 미국 독립 후, 유럽에서는 프랑스 혁명이 일어나면서 프랑스와 영국

간 전쟁이 격화되었습니다. 미국 내에서도 프랑스를 지지하는 세력과 영국을 지지하는 세력이 극심하게 대립했지만, 워싱턴은 미국이 외국 전쟁에 개입하는 것은 국가에 불리하다고 판단하여, 1793년 '중립 선언'을 발표하며 미국이 프랑스와 영국 간 전쟁에 참여하지 않을 것임을 명확히 했습니다. 1794년 미국 정부는 국가 재정 확보를 위해 위스키에 세금을 부과했는데, 이에 반발한 농민들이 폭동을 일으켰습니다. 워싱턴은 이를 단순한 민중 봉기로 간주하지 않고, 연방 정부의 법이 무너지면 국가의 질서가 위태로워진다는 원칙 아래 대응했죠. 그는 13,000명의 군대를 직접 이끌고 반란 지역으로 행진하며 법 집행의 엄중함을 보여 주었습니다. 그러나 무력 진압만이 아니라, 체포된 반란 가담자들에게 사면권을 행사하며 국가의 화합을 도모했습니다. 이는 정부가 법과 질서를 유지하되, 국민에 대한 지나친 탄압을 피하는 공정한 정치적 결정의 사례가 되었습니다.

이제 상반되는 사례를 살펴보겠습니다. 이스라엘의 베냐민 네타냐후(Benjamin Netanyahu) 총리는 권력욕과 물욕으로 부정부패를 일삼아서, 현재 형사재판에 넘겨진 상태입니다. 그는 이스라엘 출신의 미국 할리우드 영화 제작자 아논 밀천(Arnon Milchan) 등

베냐민 네타냐후(Benjamin Netanyahu)

으로부터 수년간 고급 샴페인과 쿠바산 시가 등 수십만 달러 상당의 뇌물을 수수했습니다. 또 이스라엘 최대 일간지 발행인에게 본인에 대한 우호적인 기사를 써 달라고 요구하고, 그 대가로 경쟁지의 발행 부수를 줄이려 한 혐의도 받고 있습니다. 이에 대해 베냐민은 국민의 의지에 반하는 정치적 쿠데타 시도이고, 검찰과 경찰이 우파 지도자인 자신을 물러나게 하려는 음모를 꾸미고 있다면서 모든 혐의를 부정했습니다. 2023년에는 '사법 개혁'을 추진했는데, 이는 대법원의 권한을 축소하고 의회의 입법 권한을 강화하는 의도로 풀이됩니다. 국내에서는 이를 두고 '입법부의 권력이 과도하게 집중될 수 있다'라는 우려와 함께, 네타냐후 총리가 자신의 부패 재판에 영향을 미치기 위해 사법부 견제를 약화시키려는 시도라는 비판이 거세게 제기되었죠. 결국 수십만 명의 시민이 거리로 나와 시위에 나섰을 뿐 아니라, 대통령까지 개입해 중재를 시도해야 할 정도로 사회적 갈등이 심화되었습니다.

2) 화(和): 어느 하나 버리지 않고 모두 함께하는 조화로움

전제: 신중(愼) 신뢰(信)

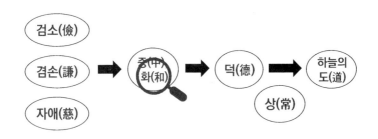

노자와 공자는 화(和)의 중요성에 대해 다음과 같이 강조했습니다.

2-1: 세상 모든 이들이 어떤 것이 아름다운 것인지 아는 이유는 바로 추함이 동시에 함께 존재하기 때문이고, 모든 이들이 어떤 것인 선한 것인지 아는 이유는 바로 선하지 못함이 동시에 함께 존재하기 때문이다. -『도덕경』

13-23: 공자가 말씀하셨다. "군자는 서로 수준이 다른 이들과 함께 어우러져 조화롭게 지내지만, 그들과 같은 수준으로 합쳐져서 구별이 없이 똑같아지지는 않는다. 하지만 피지배계급인 소인은 다른 이들과 같은 수준으로 합쳐져서 없이 똑같아질 뿐, 서로의 수준이 다름을 인식하면서도 함께 어우러져 조화롭게 지내지 못한다." -『논어』

우루과이의 제40대(2010. 03.~2015. 02.) 대통령을 지낸 호세 무히카(José Mujica)는 세상에서 가장 가난한 대통령으로 널리 알려져 있습니다. 그는 항상 세 가지를 강조해 왔습니다. ① 우리는 배워야 한다. 하지만 사회는 가르칠 준비가 되어 있지 않다. 이것이 싸워야 하는 이유다. ② 나는 단지 조금 더 떳떳한, 조금 더

호세 무히카(José Mujica)

부끄럽지 않은 나라를 갖고 싶다고 말하는 것이다. 무엇보다 그
것이 먼저다. ③ 가난한 사람에게 필요한 것은 동정이 아니라 기
회다. 무히카는 이 말을 실천함으로써 우루과이를 더 나은 나라
로 이끌기 위해 노력했습니다. 보수적 경제정책과 진보적 사회
정책을 동시에 추진하는 포용 정책을 써서 부정부패와 문맹 그
리고 가난과 맞서 싸웠죠. 대통령궁은 국민의 재산이라면서 노
숙자 숙소로 개방하고, 자신은 사저인 농가에서 출퇴근했습니
다. 또 월급의 90%를 사회에 기부했던 '천사' 대통령이기도 했
죠. 공식적으로 신고한 재산이 폭스바겐의 1987년식 비틀 자동
차 한 대일 정도로 그는 항상 검소한 생활을 실천한 지도자였습

니다. 취임할 때 52%였던 그의 지지율은 퇴임 직전 65%까지 올랐고, 많은 사람이 무히카의 재출마를 요구했습니다. 하지만 그는 "민주주의국가의 지도자는 물러날 때 물러나야 한다"라는 말을 하면서 거절하기도 했습니다. 자신이 처한 대통령이라는 신분에서 마땅히 해야 할 의로움(義)과, 보수와 진보의 조화로움(和)을 위해서 절제하고 통제하는 예(禮)를 실천하며 공손함을 보인 호세 무히카. 그러했기에 그는 '페페'라는 애칭으로 불리면서 지금까지도 국민의 무한한 신뢰와 존경을 받고 있습니다.

이제 이와는 상반된 사례를 들어 볼까요? 자이르 보우소나루(Jair Bolsonaro) 전 브라질 대통령은 코로나19 팬데믹 초기부터 바이러스 위험을 공개적으로 축소하며, "감기 정도에 불과하다", "경제를 위해선 희생이 필요하다"라는 식의 발언을 반복하였습니다. 이에 따라 공공 의료 시스템에 대한 적극적인 대응은 미뤄졌고, 특히 빈민층과 저소득 노동자들이 가장 먼저 감염에 노출되었으며, 아마존 지역 원주민 공동체는 사실상 방치되었습니다. 정부의 지원은 중산층 이상에 집중되거나 지체되었고, 자국 내 사망률은 세계 최상위권에 달했습니다.

또 보우소나루 정부는 아마존 열대우림 보호 정책을 대폭 후

자이르 보우소나루(Jair Bolsonaro)

퇴시키고, 대기업 및 농장주들의 개발 허가를 확대해 토착민의 생존권과 생태계를 심각하게 훼손하였습니다. 그는 다국적 자본과 농업 로비 단체에 유리한 정책을 펴면서 환경 운동가, 원주민, 생태 공동체를 경제 발전의 장애물로 묘사하였고, 실제로 비정부기구에 대한 탄압도 행했습니다.

나아가 그는 여성, 빈곤층에 대한 차별적 발언과 조롱조의 언사를 반복하고 정책적으로도 이들을 포용하거나 보호하기보다는, 경제적 자유와 시장 우선을 강조하였습니다. 특히 "배고픈 사람은 다이어트를 해야 한다"라는 식의 극단적인 발언은 세계적으로 논란이 되기도 했습니다.

6-4. 3층

이제 3층을 지어 볼까요?

전제: 신중(愼) 신뢰(信)

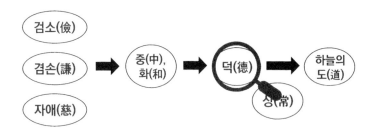

먼저 다음 구절을 살펴보죠.

21-1: 큰 덕의 모습은, 오로지 도를 따를 뿐이다.
-『도덕경』

'덕'이 있음을 숭상하는 것은 어찌 된 일인가? 덕이 '도'에 가깝기 때문이다. -『예기』「제의(祭義)」

진실로 '덕'에 이르지 못하면, '도'가 머물지 않는다.
-『예기』「중용(中庸)」

노자와 공자는 이처럼 덕(德)을 통해서 궁극적으로 도(道)에 이르는 것이라고 규정하고 있습니다. 즉 덕(德)이란 도(道) 바로 직전의 단계가 되므로, 먼저 덕(德)에 이르러야 비로소 도(道)에 도달할 수 있는 겁니다.

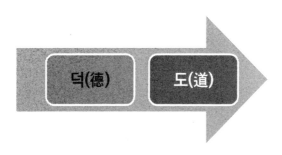

도(道)는 정치 지도자가 평생을 두고 천천히 걸어가야 하는 길이라고 했습니다. 즉 정치적 리더십(leadership)인데요. 그렇다면 도(道)의 하위개념인 덕(德)은 어떨까요?

노자와 공자는 덕(德)의 중요성에 대해 다음과 같이 강조했습니다. 먼저 노자의 말을 볼까요?

> 59-1: 지도자가 백성을 다스리고 하늘을 섬김에 있어서 인색함보다 더 나은 것이 없는데, 무릇 인색함이란 다른 이에게 양보하지 않고 누구보다 앞서서 선왕의 뜻을 따르는 걸 일컫는 것이니, 누구보다도 앞서서 따른다는 것은 바로 덕을 쌓는 것을 중시한다는 것을 일컫는다. -『도덕경』

'덕'보다 하나 더 상위에 있는 '도'가 정치와 직결되므로, 그 하위개념인 '덕'이 정치와 직결된다는 건 어찌 보면 너무나도 당연한 논리일 겁니다. 이제 공자의 말을 살펴보죠.

> 2-1: 공자가 말씀하셨다. "지도자가 '덕'으로 나라를

다스리면, 마치 별들이 북극성 주변을 맴돌듯이 사람들이 몰려와 그를 지지하고 따르게 된다." -『논어』

4-25: 공자가 말씀하셨다. "지도자가 '덕'을 베풀면 누군가 곁에서 보필하므로, 그 지도자는 결코 외롭지 않게 된다." -『논어』

따라서 이 두 구절의 뜻은 모두 앞에서 언급했던 『논어』의 첫 구절 "그렇게 되면 타 지역 사람들이 그 나라가 살기 좋다는 소식을 듣고 몰려와서 백성이 될 터이니 역시 즐겁지 않겠는가?"와 일치하게 됩니다. 그렇다면 사람들을 자기 주변으로 모이게 하는 힘을 지닌 덕(德)이란 과연 무엇일까요?

갑골문

'덕 덕(德)'의 가장 오래된 모양인 갑골문은 열 개의 눈이 네거

리에 있는 모습을 하고 있습니다. 따라서 길을 걸으면서 열 개의
눈으로 바라본다는 뜻을 지닙니다.

금문

　금문부터는 열 개의 눈 밑에 '마음 심(心)'이 붙어서, 길을 걸을
때 열 개의 눈으로 바라보는 마음가짐이라는 뜻을 지니죠.

금문

또 다른 금문에서는 '다닐 행(行)'과 '그칠 지(止)'가 합쳐져서, '길 도(道)'처럼 쉬엄쉬엄 간다는 뜻도 생깁니다. 즉 천천히 길을 걸으면서 열 개의 눈으로 꼼꼼히 살피는 마음이 되는 겁니다.

그렇게 지도자가 마음을 곧고 바르게 하여 작은 것 하나도 놓치지 않고 공정하게 다스리려고 노력하면, 국민이 행복하게 되

므로 타인들이 얻는 바가 있게 되거니와, 또 국민이 지도자를 지지하게 되므로 지도자 자신 역시 얻는 바가 있게 되는 거죠.

노자는 다음과 같이 말합니다.

> 42-1: 도는 하나를 낳고, 하나는 둘을 낳으며, 둘은 셋을 낳고, 셋은 만물을 낳는다. -『도덕경』

'도' 바로 직전의 단계가 '덕'이라고 했습니다. 따라서 노자는 여기서 '덕'을 '하나'로 바꿔서 부르고 있음을 알 수 있죠. 그렇다면 '하나'라는 단어가 갖는 뜻은 무엇일까요?

> 덕이 한결같으면 이에 하늘이 감응하여 길하지 않은 것이 없지만, 덕이 두셋으로 나뉘어 한결같지 않으면 이에 하늘이 감응하여 흉하지 않은 것이 없습니다. -『상서』「함유일덕(咸有一德)」

'하나'는 지도자가 다른 잡념에 빠지지 않고 오로지 하나에만 전념하는 겁니다. 좀 더 구체적으로 말해서 "지도자가 사리사욕을 탐하지 않고 오직 나라와 백성의 안위만을 생각하는 '순일(純

一)=순수(純粹)한 덕'을 나타내는 것인데, 공자 역시 '하나'만 생각하는 '순일한 덕'을 대단히 중시했습니다.

> 4-15: 공자가 말씀하셨다. "증삼야, 내가 따르는 사람의 도(人道)는 오직 하나로만 도달할 수 있다." -『논어』「이인」

그렇다면 덕에는 몇 가지가 있을까요?

『상서』「고요모(皐陶謨)」에 따르면, '덕'에는 아홉 가지가 있어서 구덕(九德)이라고 불립니다. 이를 도표로 정리하면 다음과 같습니다.

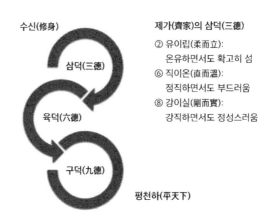

치국(治國)의 육덕(六德)
① 관이율(寬而栗):
  관대하면서도 엄격함
③ 원이공(願而共):
  정중하면서도 함께함
④ 치이경(治而敬):
  다스리면서도 공경함
⑤ 요이의(擾而毅):
  길들이면서도 강인함
⑦ 간이염(簡而廉):
  질박하면서도 청렴함
⑨ 강이의(强而義):
  굳세면서도 의로움

수신(修身)
삼덕(三德)
육덕(六德)
구덕(九德)

제가(齊家)의 삼덕(三德)
② 유이립(柔而立):
  온유하면서도 확고히 섬
⑥ 직이온(直而溫):
  정직하면서도 부드러움
⑧ 강이실(剛而實):
  강직하면서도 정성스러움

평천하(平天下)

그런데 이 아홉 가지 덕목들을 자세히 살펴보면, 모두 강함과 부드러움의 조화라는 공통점을 발견할 수 있을 겁니다. 따라서 덕(德)이란 엄격함과 부드러움의 통치법을 조화롭게 실천하려는 절조(절개와 지조)라고 할 수 있습니다.

이 중에서, 삼덕(三德) 즉 세 가지 덕을 행하면 가문을 소유할 수 있으므로 '제가(齊家)'를 뜻하고, 육덕(六德) 즉 여섯 가지 덕을 행하면 나라를 소유할 수 있으므로 '치국(治國)'을 의미하며, 이 모두를 합친 구덕(九德) 즉, 아홉 가지 덕을 섬기면 온 세상을 다스릴 수 있으므로 '평천하(平天下)'를 가리키죠.

그중에서 먼저 삼덕을 살펴보겠습니다.

평화롭고 안락하면 정직함으로 하고, 굳어서 따르지 않으면 강직함으로 다스리며, 화해하여 따르면 유함으로 다스리고, 성정이 가라앉아 겉으로 드러나지 않으면 강직함으로 다스리며, 식견이 높으면 유함으로 다스리는 것입니다. -『상서』「주서(周書)」

이처럼 삼덕은 백성의 기질에 따라서 엄격함과 부드러움을 혼용하여 조화롭게 다스리는 것을 의미합니다. 나라가 낙후되었

을 때는 흐트러진 기강을 바로잡아 백성들을 엄격하게 다스려
야 하지만, 세월이 흘러서 정치와 경제가 안정되어 문화생활을
누리게 되면 관대함을 베풀어야 하죠. 하지만 관대함이 지나치
면 백성들이 나태해지므로, 다시 엄격하게 다스려야 한다는 겁
니다. 이 삼덕을 현대어로 바꾸면 '당근과 채찍'의 통치법이라고

할 수 있겠죠. 이제 싱가포르의 예를 통해서 삼덕을 구체적으로
이해해 보겠습니다.

싱가포르 지하철 역에 설치된 경고 표지판

싱가포르는 1965년 독립 이후 빠른 도시화로 인한 쓰레기 문
제와 공공장소의 위생 문제가 심각해지자, 1983년 공공장소 쓰
레기 투기에 대한 벌금 제도를 도입했으며 담배꽁초도 단속하기
시작했습니다. 첫 적발 시 최대 2,000싱가포르 달러(SGD)의 벌금
이 부과되고 반복 위반 시 벌금이 10,000SGD까지 증가하며, 위
반자는 공공장소 환경 정화 작업(Corrective Work Order, CWO)을 수행
해야 했죠. 1990년대 초반에는 지하철 시설에 껌이 붙어 고장을
일으키는 사례가 증가하면서, 1992년 씹는 껌의 수입, 제조, 판

매 및 유통이 전면 금지되었고 위반 시 최대 100,000SGD의 벌금 또는 2년 이하의 징역형이 부과되었습니다.

이 정책 시행 이후 거리에서 담배꽁초와 껌이 사라지면서 도시 청결도가 향상되었으며, 싱가포르는 세계에서 가장 깨끗한 도시 중 하나로 자리 잡았습니다. 그리고 현재 싱가포르에서는 시

민들의 높은 의식 수준 덕분에, 경찰이 직접 나서서 단속하는 경우는 드뭅니다. 과거에는 채찍의 정책이었다면, 지금은 당근 정책이라고 할 수 있죠. 물론 세월이 흘러 기강이 흐트러져 다시 위생 문제가 불거진다면, 법령은 더 엄격해질 것이고 경찰의 단속역시 강화되겠죠.

이어서 육덕(六德) 즉 여섯 가지 덕에 대해서 살펴보겠습니다. 『논어』의 마지막 장인 「요왈(堯曰)」 편에는 다음과 같은 기록이 있습니다.

> 20-2: 자장이 공자에게 물으셨다. "어떤 것을 다해야 정치에 종사할 수 있습니까?" 공자가 말씀하셨다. "다섯 가지 좋은 일을 높이고, 네 가지 잘못을 물리치면, 이제 정치에 종사할 수 있다."

자장이 어떻게 해야 정치를 잘할 수 있는지 묻자, 공자는 '오미사악(五美四惡)', 다섯 가지 좋은 일을 높이고, 네 가지 잘못을 물리쳐야 한다고 대답합니다. 따라서 '오미사악(五美四惡)'은 바로 나라를 다스리는 '치국(治國)'의 여섯 가지 덕과 같은 개념이 되는 겁니다. 즉 '오미사악(五美四惡)'은 정치와 직결되는 부분이 되는 겁니다. 그렇다면, 공자는 왜 여섯 가지 덕을 아홉 가지로 풀어서 설명하는 걸까요? 이제 그 이유를 하나씩 살펴보겠습니다.

구덕	육덕	삼덕
평천하(平天下)	치국(治國)	제가(齊家)
① 관이율(寬而栗): 관대하면서도 엄격함	O	
② 유이립(柔而立): 온유하면서도 확고히 섬		O
③ 원이공(願而共): 정중하면서도 함께함	O	
④ 치이경(治而敬): 다스리면서도 공경함	O	
⑤ 요이의(擾而毅): 길들이면서도 강인함	O	
⑥ 직이온(直而溫): 정직하면서도 부드러움		O
⑦ 간이염(簡而廉): 질박하면서도 청렴함	O	
⑧ 강이실(剛而實): 강직하면서도 정성스러움		O
⑨ 강이의(強而義): 굳세면서도 의로움	O	

1) 혜이불비(惠而不費)

백성에게 베풀지만(부드러움) 낭비하지는 않음(강함): 백성들이 자기에게 꼭 필요하다고 여기는 것을 선별하여 베풀면, 베풀지만 낭비하지 않는 것이 아니겠는가?

이는 '3. 원이공(願而共): 정중하면서도 함께함'에 해당합니다. 백성이 진정으로 원하는 바가 뭔지 엄격하고도 신중하게 파악하는 정중한 모습을 보인 후(강함) 그것에 아낌없이 베풀면(부드러움), 백성이 지도자를 따르고 지도자 역시 백성을 섬기는 그야말로 진정 함께하는 상생과 공생의 모습이 되죠. 따라서 공자는 말합니다. 지도자가 백성이 진정 원하는 것에 과감히 국고(國庫)를 열면, 이는 백성을 위한 것이므로 낭비가 되지 않는다고.

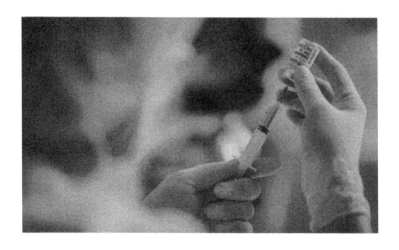

2019년 말부터 전 세계적으로 유행한 코로나19 전염병이 수많은 사람의 목숨을 위협했습니다. 게다가 변이가 속출하면서, 백신 접종이 무엇보다 중요한 일이 되었죠. 한 나라의 지도자는 무

엇보다 국민의 건강을 우선시해야 하는데요. 따라서 백신을 확보하기 위해서 부득이하게 막대한 비용을 지출해야 한다면, 과연 누가 지도자를 원망할까요?

2) 노이불원(勞而不怨)

백성을 수고롭게 하지만(강함) 원망을 듣지는 않음(부드러움): 백성을 수고롭게 할 만한 일을 골라서 수고롭게 하면, 또 누가 원망하겠는가?

이는 '5. 요이의(擾而毅): 길들이면서도 강인함'에 해당합니다. 지도자 결정이 수긍할 만한 것이라면, 이를 따르지 않는 백성은 없습니다. 지도자가 그런 백성의 뜻을 헤아려서 수고롭게 한다면(강함), 백성은 지도자의 뜻에 따라서 길들여지죠(부드러움). 따라서 공자는 말합니다. 지도자가 정당한 방법으로 그들을 수고롭게 한다면, 백성은 결코 지도자의 결정에 불만을 품지 않는다고.

뉴질랜드는 코로나19 확산 초기, 강력한 전국 봉쇄(lockdown)를 실시하며 국민들에게 큰 불편을 초래할 수 있는 결정을 내렸습니다. 그러나 저신다 아던(Jacinda Ardern) 총리는 매일 SNS 라이브

저신다 아던(Jacinda Ardern)

방송과 기자회견을 통해 봉쇄 조치의 필요성을 상세히 설명하며 국민들과 직접 소통했습니다. 그녀가 봉쇄 정책이 불가피하다는 점을 진솔하게 전달하고, 국민의 희생을 존중하는 태도를 보였기에, 국민들은 봉쇄로 인한 불편함에도 정부의 결정을 신뢰하고 협력했던 겁니다.

3) 욕이불탐(欲而不貪)

원하는 대로 하지만(부드러움) 탐내지는 않음(강함): 진심으로 어질어지고자 하여 어짊에 이르니, 어찌 그것이 탐내는 것이겠는가?

이는 '4. 치이경(治而敬): 다스리면서도 공경함'에 해당합니다. 정치를 담당하는 지도자가 엄격하게 기강을 확립하여 백성을 잘 이끌고도(강함), 사적인 욕심을 탐하지 않고 대의를 따르는 어짊을 행하면(부드러움) 나라가 안정된다는 거죠.

넬슨 만델라(Nelson Mandela)

넬슨 만델라(Nelson Mandela) 대통령은 1994년 남아프리카공화국의 첫 흑인 대통령으로 취임한 후, 자신의 정치적 권력과 영향력을 유지하려 탐욕스럽게 군림하지 않고 진정한 화합과 용서의 정치를 실현했습니다. 특히 오랜 인종 차별로 고통받았던 흑인들이 백인에 대한 복수심을 품도록 조장하는 대신, 오히려 화해를 통해 국가 통합을 이루려는 '부드러움(欲)'을 보였습니다. 그러나 그러한 목표를 이루기 위해 권력을 사유화하거나 독재로 변질시키지 않는 '강함(不貪)'을 견지하며, 대통령 임기를 한 번만 수행(1994~1999)하고 스스로 물러남으로써 권력에 대한 탐욕을 철저히 경계했습니다. 이러한 리더십은 지도자가 공익을 위해 강한 결정을 내리되, 사적인 욕망에 휘둘리지 않아야 국민의 신뢰를 얻고 국가의 안정을 이루는 길임을 보여 주는 대표적인 사례입니다. 만델라 대통령의 행보는 지도자가 국민을 이끌어 가는 과정에서 어떻게 공정성과 도덕성을 유지해야 하는지를 시사해 줍니다.

4) 태이불교(泰而不驕)

스스로 마음을 편안하게 하지만(부드러움) 교만하지는 않음(강함): 군자는 많거나 적음 혹은 작거나 큼에 상관없이 감히 태만하지 않으니, 이것이 스스로 마음을 편안하게 하지만 교만하지 않은 것이 아니겠는가?

이는 '7. 간이염(簡而廉): 질박하면서도 청렴함'에 해당합니다. 나랏일에 종사하는 사람이 재물에 집착하면 평상심을 잃게 되어 탐욕이 생기게 되고, 또 그렇게 되면 백성보다 자신의 이익을 먼저 생각하게 됩니다. 그러므로 참된 지도자인 군자는 재물에 집착하지 않아서 항상 마음을 평안하게 하지만(부드러움), 결코 태만한 모습을 보이지는 않죠(강함). 따라서 공자는 말합니다. 군자는 오직 나라와 백성의 안위만을 생각하므로, 청렴한 자세를 유지하기 위해서 탐욕을 생기게 하는 재물에 마음을 두지 않는다고.

조코 위도도(Joko Widodo)는 인도네시아 제7대 대통령(2014~현재)입니다. 공식 행사에서도 불필요한 의전을 최소화하고, 대통령궁이 아닌 길거리나 카페에서 국민들과 직접 소통하는 모습을 보였죠. 해외 순방에서도 대통령 전용기 대신 일반 여객기를 이용하고, 고급 호텔이 아닌 평범한 숙소를 선호했습니다. 그는 실용적이고 소탈한 태도로 국민들에게 부담 없는 지도자가 되고자 했습니다. 동시에 부패 척결과 공정한 정책 운영을 통해 투명한 정치 리더십을 구축했는데요. 공직자들의 재산 신고 의무를 강

조코 위도도(Joko Widodo)

화하고, 정부 계약 과정에서 부패를 방지하는 시스템을 도입했으며, 대규모 인프라 프로젝트를 추진하면서도 특정 기업이나 정치 세력에 특혜를 주지 않고 공정한 경쟁을 보장하려고 노력했습니다. 이처럼 조코 위도도는 소박한 태도로 국민과 소통하며(泰), 권력과 부정부패에 물들지 않는 청렴한 정치(不驕)를 실천했습니다. 그의 리더십은 지도자가 사리사욕이 아닌 국민과 국가를 위한 정치에 집중할 때, 더욱 강한 신뢰와 지지를 받을 수 있음을 보여줍니다.

5) 위이불맹(威而不猛)

멀리서 보면 위엄이 있지만(강함) 다가서면 사납지 않음(부드러움): 군자는 의관을 바르게 하고, 몸을 낮춰서 주변에 보이는 모든 이들을 존중하며, 엄숙하여 사람들이 바라보면 그를 경외하니, 이것이 멀리서 보면 위엄이 있지만 다가서면 사납지 않은 것이 아니겠는가?"

이는 '1. 관이율(寬而栗): 관대하면서도 엄격함'에 해당합니다. 참된 지도자인 군자는 항시 자기를 추스르고 자신에게 엄격히 하며 올곧은 모습을 보이기에, 멀리서 보는 백성은 쉬이 다가서지 못합니다(강함). 하지만 군자는 오로지 나라와 백성의 안위만을 생각하고 타인의 허물에는 관대하며 백성의 마음을 이해하고 따르려 노력하므로, 가까이 다가가면 그 누구보다도 인자하고 부드러운 모습을 띠는 거죠(부드러움). 따라서 공자는 말합니다. 참된 지도자는 이처럼 엄격함과 관대함을 모두 갖춘 조화로움(和)을 이룬다고.

앙겔라 메르켈은 독일 역사상 최초의 여성 총리이자 동독 출신의 첫 통일 독일 총리로서, 2005년부터 2021년까지 4연임 총리직을 수행했습니다. 그녀는 2008년 글로벌 금융 위기와 2010년 유럽 재정 위기 당시, 유럽연합(EU)의 경제적 붕괴를 막기 위해 강경한 구조 조정 정책을 주도했습니다. 또한 유럽 재정 위기의 중심에 있던 그리스에 대해 긴축 정책을 강하게 요구하며, 유럽 경제 질서를 안정시키기도 했죠. 2014년 러시아의 크림반도 강제 합병 당시 푸틴과 직접 협상하며 유럽의 단결된 대응을 이끌어 냈고, 트럼프 정부 시절에는 국제 관계에서 독일과 유럽의 독립성을 강조하고 자국 중심의 외교 정책을 펼침으로써, 국제 사회에서 독일의 위상을 높이며 강한 지도자의 면모를 보였죠 (威). 그녀의 리더십은 강경함에만 머물지 않았습니다. 고위직 관료를 위해 마련된 화려한 관저를 사용할 수 있음에도 불구하고, 그녀는 단 하루도 총리 관저에서 생활한 적이 없습니다. 대신 기존에 살던 베를린의 작은 아파트에서 남편과 지냈죠. 퇴근길에는 집 근처 마트에서 줄 서서 장을 보는 모습이 종종 포착되었으며, 권위적이지 않고 국민과 같은 생활을 하는 총리로 더욱 친근한 이미지를 형성했습니다. 이런 모습은 독일 국민들에게 "우리와 같은 삶을 사는 총리"라는 인식을 주며, 강한 지도력 속에서도 거리감 없는 정치인의 모습을 보여 주었습니다 (不猛).

이처럼 공자가 언급한 정치에 필요한 오미 (五美: 다섯 가지 좋은 일)는 바로 '다섯 가지 미덕 (美德)'을 뜻하는 것임을 알 수 있습니다. 하지만 한 가지 이해할 수 없는 게 있습니다. 그렇다면 공자는 왜 육덕 (六德) 중 하나인 9. 강이의 (强而義: 굳세면서도 의로움)에 대해서는 언급하지 않고, 바로 '사악 (四惡)'의 네 가지 잘못으로 넘어간 걸까요? 이제 '네 가지 잘못'에 대해서 하나씩 살펴보면, 자연스레 그 해답을 얻을 수 있습니다.

1) 학(虐): 가르치지 않고 백성을 내보내 죽이는 것을 모질다고 한다

수미 지역 전투에서 포로로 잡힌 러시아군

러시아-우크라이나 전쟁(2022-)에서 러시아는 병력 부족을 해결하기 위해 충분한 군사 훈련을 받지 못한 징집병들을 전선에 투입하며 큰 희생을 초래했습니다. 이들은 기본적인 전술 교육 없이 배치되었으며, 일부는 적절한 무기나 장비조차 없이 전투에 나서야 했죠. 준비되지 않은 병사들이 실전에 투입되면서 혼란이 가중되었고, 이는 러시아군의 전력 손실로 이어졌습니다.

그 결과, 최근 두 달 동안 약 7만 명의 병력이 희생되었으며, 일부 징집병들이 전투를 거부하거나 우크라이나 군에 투항하는 사례가 증가했습니다. 하루 최대 150명씩 투항하는 경우도 보고되었는데, 이는 훈련 없이 전장에 내몰린 병사들의 절망적인 현실을 여실히 보여 줍니다. 한편, 포로로 잡힌 징집병들의 가족들은 자녀의 생사 여부를 확인하려 하고 있지만, 러시아 당국은 충분한 정보를 제공하지 않고 있습니다. 한 어머니는 아들의 행방을 찾기 위해 푸틴 대통령에게까지 호소했으나, 별다른 응답을 받지 못했다고 합니다.

그래서 공자는 다음과 같이 말하기도 했습니다.

> 13-30: "가르치지 않은 백성들을 전쟁에 내보내는 것, 이를 일컬어 그들을 버리는 것이라고 한다." -『논어』

2) 폭(暴): 깨닫도록 이치를 잘 설명해 주지 않고 성과를 바라는 것을 난폭하다고 한다

1928년, 스탈린은 소련의 빠른 산업화를 위해 농업을 국가가 통제하는 농업 집단화 정책을 추진했습니다. 개인 농장을 폐지하고, 농민들을 집단농장(콜호스, Kolkhoz)과 국영 농장(소프호스, Sovk-

hoz)으로 강제 이주시켜 곡물 생산을 극대화하고 공업화를 위한 자본을 마련하려 했죠. 개혁에 반대하는 부유한 농민(쿠락, Kulak) 들은 '계급의 적'으로 몰려 강제 수용소로 보내지거나 처형당했으며, 이들이 관리하던 농지도 몰수되었습니다. 그러나 숙련된 농민들의 숙청은 농업 생산성 저하로 이어졌고, 새로운 농업 방식에 대한 충분한 교육 없이 진행된 집단농장 운영은 비효율성을 초래했습니다.

정부는 비현실적인 곡물 생산 목표를 설정하고, 이를 달성할 것을 강요했지만, 집단농장이 제대로 운영되지 않아 생산량은 급감했고, 농민들은 허위 보고를 하거나 수확량을 숨기는 방법으로 저항했습니다. 이에 정부는 기록된 생산량을 기준으로 곡물을 수탈했고, 결국 농민들은 자신들이 키운 곡물조차 먹지 못한 채 굶주려야 했습니다. 그 결과, 1932~1933년 우크라이나를 비롯한 소련 전역에서 대규모 기근이 발생했는데요. 특히 우크라이나의 대기근이 무척 심각해 약 400~700만 명이 아사했습니다.

3) 적(賊): 태만하여 느슨하게 부리고는, 오히려 기한 내에 끝내라고 다그치는 것을 도적이라고 한다

1929년 대공황(The Great Depression)은 미국을 비롯한 전 세계 경제를 붕괴시킨 역사적 사건이었는데, 그 시작은 10월 24일 '검

은 목요일(Black Thursday)'의 주가 폭락이었습니다. 1920년대 동안 과열된 주식 투기가 지속되었고, 기업의 실제 가치보다 훨씬 높은 가격으로 거래되면서 경제 거품이 형성되었는데요. 결국, 시장이 붕괴하며 투자자들이 패닉에 빠졌고, 10월 29일 '검은 화요일(Black Tuesday)'에는 주가가 더욱 폭락하며 경제 공황이 본격화되었습니다. 그러나 당시 미국 정부(허버트 후버 대통령)와 연방준비제도는 금융 위기에 적절한 개입을 하지 않았습니다. 중앙은행이 금리를 조정하거나 유동성을 공급하는 등의 조치를 시행하지 않았고, 정부는 '시장이 자정 작용을 통해 회복될 것'이라는 낙관론을 내세우며 개입을 미뤘죠. 이로 인해 은행들이 잇따라 도산했고, 예금자 보호 제도가 없던 당시 대규모 뱅크런(Bank Run, 예금 인출 사태)이 발생하면서 금융 시스템이 마비되었습니다. 위기가 심화된 후, 정부는 뒤늦게 긴축 정책을 강요하며 경제 회복을 더욱 어렵게 만들었는데요. 1930년에는 '스무트-홀리 관세법(Smoot-Hawley Tariff Act)'을 통해 보호무역을 강화하며 국제무역을 급감시켰고, 연방준비제도는 금본위제(Gold Standard)를 고수하며 경기 부양을 위한 통화 공급 확대를 거부했습니다. 그 결과 기업 도산과 실업률 상승이 가속화되었고, 1933년 미국의 실업률은 25%를 넘어섰으며 GDP는 대공황 이전 대비 약 30% 감소했습니다. 대공황 당시 미국 정부의 정책은 초기에는 금융시장 규제를 소홀히 하고 위기를 방치하다가, 뒤늦게 긴축 정책을 강요하면서 경제 회복의 부담을 국민과 기업에 떠넘긴 사례였던 거죠.

4) 유사(有司): 사람들에게 베풀어야 하는 게 주된 임무인데, 금전이나 물품을 빌려준 후 갚을 기한을 넉넉하게 주지 않는 것을 유사(사무를 맡아보는 직무)라고 한다

코로나19 팬데믹 동안, 많은 소상공인과 자영업자들은 정부와 금융기관의 긴급 대출 프로그램을 통해 일시적인 재정 지원을 받았습니다. 그러나 상환 유예 기간이 종료되면서 예상보다 빠른 상환 압박이 가중되었고, 많은 이들이 경제적 어려움에 직

면했는데요. 예를 들어, 한 자영업자는 코로나19로 인한 영업 제한으로 수입이 급감하자 긴급 대출을 받아 생계를 유지했습니다. 하지만 상환 유예 기간이 끝난 후, 매달 갚아야 할 원리금이 급격히 늘어나면서 재정적 부담이 커졌죠. 이러한 상황은 다른 많은 소상공인들에게도 공통적으로 나타났습니다. 또한, 대출 당시에는 비교적 낮은 금리로 자금을 빌렸지만, 이후 금리 인상으로 인해 상환해야 할 이자 부담이 더욱 커졌습니다. 이로 인해 일부 소상공인들은 대출 상환을 위해 추가적인 부채를 지거나, 심지어 폐업을 고려하는 상황에까지 이르렀습니다.

결국 공자는 나라를 다스리는 데(治國) 필요한 여섯 가지 덕(六德) 중 하나인 9. 강이의(強而義: 굳세면서도 의로움)에 대해서 언급하지 않은 게 아닙니다. '오미(五美)' 즉 다섯 가지 좋은 일에 대해서는 정면교사를 통해 설명하고자 한 반면, 9. 강이의(強而義: 굳세면서도 의로움)에 대해서는 '사악(四惡)' 즉 이 덕목과 상반되는 네 가지 반면교사의 사례들을 열거한 겁니다. 그럼으로써 "백성을 이끄는 지도자는 자기가 처한 신분에서 목숨을 걸고 누구보다 열악한 환경에 처한 백성을 아끼고 보호해야 한다"라는 자세가 어떤 것인지 보다 구체적으로 풀어서 설명하고자 한 거죠.

6-5. 상(常)

전제: 신중(愼) 신뢰(信)

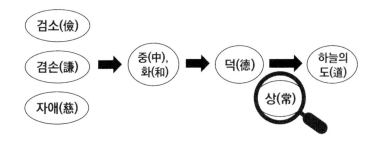

하지만 덕을 실천한다고 해서 바로 도에 도달했음을 의미하는 건 아닙니다. 덕에 상(常)이 합쳐져야 비로소 온전한 도가 완성되는 겁니다. 그래서 노자와 공자는 끊임없이 이러한 변치 않는 태도인 상(常)에 대해서 강조하곤 했죠.

59-4: 나라를 가질 수 있음의 근본은, 장구히 보존하는 것이다. -『도덕경』

공자가 말씀하셨다. "모두 자기가 지혜롭다고 말하는데, 그들을 몰아서 그물이나 덫이나 함정 가운데에

넣어도 피할 줄 모른다. 사람들은 모두 자기가 지혜롭다고 말하는데, 그들은 중용을 택하고도 한 달을 채 지키지 못한다." -『예기』「중용(中庸)」

23년간 연임하여 '스웨덴의 가장 긴 총리'라는 별명을 가지고 있는 타게 엘란데르(Tage Erlander).

2005년부터 2021년까지 4연임 총리직을 수행했던 앙겔라 메르켈(Angela Merkel).

평생에 걸쳐 '인종차별 철폐'와 '국민 화해'라는 목표를 한 번의 흔들림도 없이 견지한 넬슨 만델라(Nelson Mandela) 전 대통령.

이들은 모두 처음부터 끝까지 변치 않는 자세로 일관했기에 자신의 자리를 보존할 수 있었거니와, 지금까지도 많은 이들의 존경을 받고 있습니다.

하지만 변치 않는 태도인 상(常)을 지키지 못해, 좋지 않은 끝을 맞이한 지도자들도 있습니다.

튀니지의 정치인이자 군인이었던 제인 벤 알리(Zine Ben Ali)는 1987년 11월 총리 자격으로 대통령을 강제 퇴임시키고 자신이 대통령직을 승계했습니다. 정권 초기 그는 국민의 압도적 지지

제인 벤 알리(Zine Ben Ali, 좌)와 그의 아내 레일라 트라벨시(Leila Trabelsi, 우)

를 얻었고 민주주의 인권 국제상을 수상하기도 했죠. 하지만 이후 그는 23년간 독재자의 길을 걸었고, 그의 배우자 레일라 트라벨시(Leila Trabelsi)는 사치를 즐기며 온갖 부정부패에 개입해서 '아랍의 이멜다'로 불렸습니다. 2010년 말 정부의 억압과 높은 실업률 및 물가 상승 때문에 시민들은 일자리 요구 시위를 시작했고, 점차 벤 알리 정부 퇴진 요구로 격화되었죠. 특히 이 과정에서 대학을 졸업하고도 취업하지 못해 노점상을 하던 벤 부아지지(Mohamed Ben Bouazizi)는 경찰이 자신의 과일과 트럭을 압수한 것에 항의하기 위해 시청 앞에서 분신을 시도했고 이듬해인 2011년 1월 숨을 거뒀습니다. 이 사건은 범아랍권 민주화 운동인 '아랍의 봄(Arab Spring)'의 시작을 알리는 기폭제가 됩니다. 벤 알리는 차기 대통령 선거 불출마와 부패 인사 경질 및 민간 일자리 창출을 약속하면서 민심 달래기에 나섰으나 역부족이었고, 이에 그는 태도를 바꿔 시위대를 향해서 발포하라고 명령을 내리기까지 했죠. 다행히 군부는 발포 명령을 거부했고, 알리는 결국 2011년 1월 허둥지둥 사우디아라비아로 망명해야만 했습니다. 이후 그는 2019년 9월 19일 사우디아라비아 제다에서 암 투병 중 83세의 나이로 사망하였습니다.

알리 압둘라 살레(Ali Abdullah Saleh)는 군인이자 정치가로서, 1978년부터 2011년까지 33년간 예멘을 통치한 최장기 집권 대통령입니다. 특히 1990년에는 남예멘과 북예멘을 통일하여 예멘 공화국을 수립하고, 그 공로를 인정받아서 통일 예멘의 초대 대통령으로 선출되었죠. 하지만 그동안 쌓인 가난과 내전에 대한 시민들의 불만이 터지고, 급기야 '아랍의 봄' 영향으로 2011년 1월 대규모 반정부 혁명 시위가 발발하는 등 살레 정부는 국민의 대규모 퇴진 요구에 직면합니다. 이에 버티지 못한 살레는 2011년 11월 정권 이양서에 서명하고 미국으로 망명했는데요. 2014년 이슬람 시아파 반군이 예멘의 수도를 공격하자 살레는 공개적으로

알리 압둘라 살레(Ali Abdullah Saleh)

반군을 지지하며 권력 탈환을 노렸는데, 오히려 반군이 수세에
몰리자 입장을 철회하여 반군과 대립하던 사우디아라비아와 동
맹을 맺자고 제안하는 등 스스로 화를 키웠습니다. 그리고 2017
년 12월 그는 수도에서 빠져나가다가 반군이 쏜 총에 결국 사망
했죠.

무아마르 카다피(Muammar Gaddafi)는 리비아의 군인이자 정치
가였습니다. 1969년 9월 육군 대위의 신분으로 동료들과 쿠데
타를 일으키고, 왕정을 무너뜨리고 권력을 장악해서 국가원수

무아마르 카다피(Muammar Gaddafi)

자리에 올랐죠. 그 역시 집권 초기에는 빈민국에서 벗어나기 위한 경제개발 정책을 추진하며 긍정적인 평가를 받았지만, 42년간의 장기 집권과 철권통치 이념에 반대하는 반정부 시위가 진행되자 시민군에 대한 유혈 보복을 선언하며 내전을 지속했습니다. 카다피는 2011년 8월 시민군이 나토(NATO)와 세계 각국의 지원 속에서 수도인 트리폴리를 함락시키자 종적을 감췄다가, 같은 해 10월 자신의 고향 시르테에서 체포되었고 그 과정에서 한 시민군이 쏜 총에 의해 초라한 삶을 마쳤습니다.

호스니 무바라크(Hosni Mubarak)

호스니 무바라크(Hosni Mubarak)는 이집트의 정치인이자 군인으로 1981년부터 2011년까지 이집트의 대통령을 지냈습니다. 집권 초기에는 국내 총생산(GDP) 증가에 일정 부분 역할을 하는 등 긍정적인 모습을 보이기도 했습니다. 하지만 이후 비상 계엄령을 선포하는 등 강경책으로 국민의 자유를 박탈하고, 정부의 주요 인사를 자기의 심복으로만 구성해서 반발을 샀죠. 그러던 2011년 1월 튀니지에서 발생한 '아랍의 봄' 혁명의 영향으로 이집트에서도 무바라크 장기 독재에 대한 국민의 불만이 폭발했습니다. 거리로 쏟아져 나온 시민들이 무바라크 퇴진 운동과 반정부 시위를 계속하자 무바라크 대통령은 처음에는 퇴진을 거부하였으나, 반정부 시위가 확대되면서 결국 2월에 대통령직을 사임했습니다.

[출처: AP/Amr Nabil]

이 사진은 2010년 리비아에서 개최된 아랍-아프리카 정상회담 단체 사진입니다. 맨 앞줄 왼쪽부터 튀니지의 벤 알리, 예멘의 살레, 리비아의 카다피, 이집트의 무바라크가 웃으면서 함께 서 있죠. 하지만 이 네 명은 안타깝게도 이제 다시는 함께 모여

이 사진을 보면서 당시 추억을 회상할 기회가 없을 듯합니다. 독재자의 대명사로 불리던 이 네 명 모두 이제 이 세상 사람이 아니기 때문이죠.

이 네 명을 포함한 세상의 독재자는 예외 없이 공통점을 가지고 있습니다. 하나같이 권력을 쟁취한 후 집권 초기에는 오로지 조국의 발전을 위해서 애썼다는 점입니다. 이것이 바로 "지도자가 사리사욕을 탐하지 않고 오직 나라와 백성의 안위만을 생각하는 '순일(純一)=순수(純粹)한 덕'"인데요. 문제는 단 한 명의 예외도 없이 역시 끝까지 초심을 유지하지 못하고, 사리사욕을 탐하다가 불미스러운 최후를 맞이했다는 겁니다.

이것이 '덕'과 '도'의 차이점입니다. '덕'에 죽을 때까지 변치 않는 자세가 더해져야 비로소 '도'가 완성된다는 거죠.

7.

사람의
도(人道)

7.

사람의
도(人道)

지금까지 대동 사회를 이끈 성인의 리더십인 하늘의 도에 대해서 살펴봤습니다. 하지만 이제 세상이 변하여 이기심이 싹틈으로써, 사람들은 서로 자기 가족만을 챙기고, 나아가 하나라도 더 차지하려고 싸우기 시작했죠. 이러한 혼란기에서, 지도자는 원칙만을 중시하는 '하늘의 도(天道)'로만 세상을 이끌기에는 버거웠습니다. 따라서 통제의 명분인 법과 제도를 더 세분화하고 강화하여, 우선 스스로 절제하고 나아가 세상을 이끌 수밖에 없었던 겁니다. 이제 천도가 세분화된 인도의 구성 요소들을 살펴보겠습니다.

7-1. 중(中)과 화(和)의 내용

1) 어짊(仁): 집에서 부모에게 효도(孝)하고 집 밖에서 윗사람을 공경하는(悌) 자세가 사회에서 확장된 형태. 즉 상관 나아가 임금을 진심으로 섬기고 따르는 복종의 자세.

전제: 신중(愼) 신뢰(信)

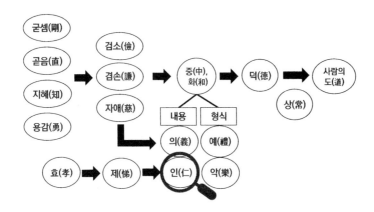

대원칙을 강조한 노자는 상위에 있는 조화로움 즉 화(和)만을 중시했습니다.

18-3: 가정이 화목(和)하지 않으면, 효도(孝)와 자애 (慈)가 생겨난다. -『도덕경』

19-2: 어짊(仁)을 단절하고 의로움(義)을 버리면, 백성들이 효도(孝)와 자애(慈)로 돌아간다. -『도덕경』

반면 사람의 도(인도)를 중시한 공자는 어짊(仁)의 중요성을 부단히 강조했습니다.

1-3: 공자가 말씀하셨다. "말을 교묘하게 하고 아첨하는 얼굴빛을 하면서도, 어진 사람은 거의 없다." -『논어』

바츨라프 하벨(Václav Havel)은 냉전 시기 공산 정권 아래에서 표현의 자유와 인간 존엄을 외친 극작가이자 시민운동가였으며, 1989년 체코슬로바키아의 마지막 대통령이자, 체코슬로바키아가 해체된 후 독립한 체코의 초대 대통령이었습니다.

하벨은 공산당 정권 아래에서도 정권에 아첨하지 않고, 감옥에 가는 것을 감수하면서도 진실을 말했습니다. 그는 1977년 체코 지식인 선언문인 『차터 77』의 공동 서명자로 활동하며, "권력에 진실을 말하라"라는 원칙을 생애 전반에 걸쳐 유지했습니다.

대통령이 된 이후에도 그는 현실을 덮는 화려한 언어를 피하고, 국민에게 때로는 쓴소리도 마다하지 않는 담백한 화법으로

바츨라프 하벨(Václav Havel)

정치에 임했습니다. 기자나 반대파에게도 아첨하거나 비위를 맞추지 않고, 모든 정책을 헌법과 윤리 원칙 위에서 판단하려고 했습니다.

이처럼 하벨은 국가를 섬기는 자세로 일관했고, "나는 국가의 가장 낮은 자리를 섬기기 위해 이 자리에 있다"라는 취임사를 통해, 진심으로 조국과 국민만을 생각하고 따르는 지도자상을 구현했습니다.

반면 이와는 정반대의 모습을 보여 준 지도자도 있습니다.

비드쿤 크비슬링(Vidkun Quisling)

비드쿤 크비슬링(Vidkun Quisling, 1887~1945)은 25세에 최연소 대
위가 되었습니다. 물론 그 배경에는 노르웨이 사관학교 수석 졸

업, 수학적 재능, 암호 해독 및 군사전략 능력이 있었지만, 훗날 그가 나치에 아첨하고 권력자들에게 잘 보이려고 애썼던 것으로 미루어 보아, 크비슬링이 기회주의적 행동과 아첨 아부에도 능했음을 짐작할 수 있습니다.

1933년, 그는 나치 독일의 아돌프 히틀러에게 영향을 받아 국가연합당(Nasjonal Samling, National Union Party)을 창당하고 파시즘을 적극적으로 옹호했습니다.

그는 애당초 독재 정권을 꿈꿨으나, 국민들의 지지를 얻지 못하자 히틀러와 직접 접촉하며 노르웨이를 독일의 손에 넘기려는 계획을 세우게 됩니다.

1940년 4월 9일, 독일이 노르웨이를 침공하자 크비슬링은 독일과 협력하고, 이내 자신을 노르웨이의 합법적인 총리라고 선언하면서 독일군을 돕기 시작했습니다.

1942년, 크비슬링은 나치 독일의 지원을 받아 노르웨이의 꼭두각시 정부를 공식적으로 수립하고 노르웨이 국가원수가 되었습니다. 이후 노르웨이 국민들에게 독일에 협력할 것을 강요하고, 반독일 저항운동을 탄압하며 나치에 적극 부역했죠. 이때 유대인 박해 정책을 펼치며 노르웨이 내 유대인들을 나치 수용소로 보내는 데 가담하기도 했습니다.

하지만 그의 괴뢰정부는 국민의 지지를 전혀 받지 못했습니다. 그 결과 1945년 5월, 독일이 패망하자 괴뢰정부가 붕괴되면서 같은 해 10월 반역죄 및 전쟁 범죄 혐의로 사형 선고를 받고 총살당했습니다. 크비슬링의 배신행위는 너무나 악명 높아, 그의 이름 'Quisling'은 매국노, 반역자, 배신자라는 뜻을 지니는 일반 명사로 자리매김했습니다.

2) 의로움(義): 먼저 자신이 처한 신분을 명확히 하고, 그 위치에서 마땅히 해야 하는 옳은 일에 목숨을 거는 자세. 구체적으로는 약자와 아랫사람을 진심으로 아끼고 지켜 주는 자세인 자애로움(慈)이 사회에서 확장된 형태. 즉 사회적 약자와 아랫사람을 지켜 주는 올바름을 따르기 위해서 목숨을 거는 자세.

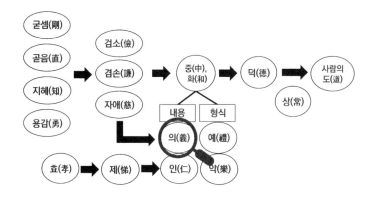

대원칙을 강조한 노자는 상위에 있는 조화로움 즉 화(和)만을 중시했습니다.

18-3: 근본이 되는 가정의 화목(和)이 깨지면, 아랫사람의 도리인 효도(孝)와 윗사람의 도리인 자애로움(慈)을 나눠서 요구하게 된다. -『도덕경』

19-2: 어짊(仁)을 단절하고 의로움(義)을 버리면, 백성들이 효도(孝)와 자애로움(慈)으로 돌아간다. -『도덕경』

반면 사람의 도(인도)를 중시한 공자는 의로움(義)의 중요성을 부단히 강조했습니다.

4-10: 공자가 말씀하셨다. "군자가 세상에서 마땅히 해야 한다거나 해서는 안 된다는 건 없다. 오로지 의로움에 부합되는지만 판단하여 행할 뿐이다." -『논어』

마하트마 간디(Mahatma Gandhi)는 인도 상류층 정치인 집안에서 태어났습니다. 영국에서 유학 후 변호사 자격을 취득하고 인도

마하트마 간디(Mahatma Gandhi)

로 돌아왔죠. 하지만 변호사로서 성공하지 못하고, 1893년 남아 프리카 공화국으로 건너가 활동하기 시작했습니다.

그곳에서 변호사로 활동하던 중, 간디는 기차에서 인도인이 라는 이유로 강제로 쫓겨나는 경험을 하게 됩니다. 이후 백인 식 민 정부의 인종 차별 정책(패스법, Poll Tax 등)에 반대하는 비폭력과 사티아그라하(Satyagraha, 진리의 힘) 운동을 전개했고, 1913년 마침내 인도인 차별 법안을 철폐하는 데 성공했습니다.

간디는 1915년 인도로 귀국한 후 농민, 노동자, 빈민을 조직 하여 비폭력 저항운동을 확대하여 인도 독립 운동에 본격적으

로 뛰어들었습니다. 참파란과 케다에서의 운동을 통해 세금 감면을 받아 냈고, 비협력 운동을 통해 영국산 제품 불매운동을 벌였으며, 소금 행진을 통해 영국의 식민 정책에 대한 대규모 저항을 이끌어 냈습니다. 그리고 1947년 인도는 드디어 영국으로부터 독립을 달성할 수 있었습니다. 하지만 간디는 인도가 독립한 그 이듬해, 힌두 극단주의자에 의해 암살당했습니다. 이처럼 간디는 지도자로서 사회적 약자와 아랫사람들의 권익을 위해 목숨을 걸고 싸웠던 진정 의로운 인물이었던 겁니다.

오마르 알바시르(Omar al-Bashir)

반면 1989년 쿠데타로 수단의 권력을 장악한 오마르 알바시르(Omar al-Bashir) 전 수단 대통령은, 간디와는 사뭇 다른 모습을 보여 줬습니다. 2003년부터 수단 서부 다르푸르 지역에서 발생한 내전에서, 알바시르 정권은 반군 소탕을 명분으로 수십만 명의 민간인을 학살, 강간, 강제 이주시키는 작전을 주도했습니다. 알바시르는 이 과정에서 민병대를 조직적으로 지원하며, 마을 전체를 파괴하거나 소수민족을 겨냥한 인종 청소적 폭력을 자행하였습니다. 이에 대해 국제형사재판소(ICC)는 2009년 전쟁 범죄 및 인도에 반한 죄로 알바시르에게 체포 영장을 발부하였습니다. 이는 현직 국가원수에게 내려진 최초의 국제 체포 영장이었습니다.

또 수단의 대다수 시민이 빈곤과 전쟁, 물 부족, 정치 불안으로 고통받는 동안, 알바시르 정권은 정부 자산을 해외로 빼돌리거나 군부 엘리트에 집중시켜, 국가 자원을 철저히 기득권 중심으로 재편하였습니다. 그는 수차례 헌법을 개정해 대통령직을 유지했고, 30년 이상 장기 집권하며 자신에게 충성하는 소수에게만 혜택이 돌아가는 비정상적 체제를 유지했습니다.

7-2. 중(中)과 화(和)의 형식

1) 예(禮): 중(中)과 화(和)에 도달하기 위해서 정성을 다하되, 지나치거나 모자라지 않도록 절제하고 통제하는 것

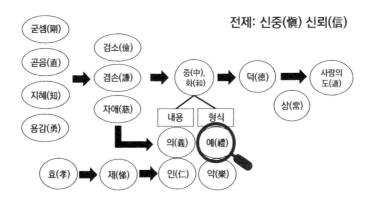

예(禮)에는 국가의 의식과 전례를 위한 주례(周禮)와 개인의 의식과 전례를 위한 관혼상제의 의례(儀禮)가 있습니다.

대원칙을 강조한 노자는 의례(儀禮)만을 중시했을 뿐, 주례(周禮)는 필요 없다고 목소리를 높였습니다.

31-10: 많은 사람을 죽이면, 애통함으로 그들을 걱정한다. 전쟁에서 승리하면, 상례로 그들을 처리한다.
-『도덕경』

62-4: 따라서 천자를 세우고 삼공을 설치함에, 비록 공벽이 앞에 가고 말 네 마리가 끄는 수레가 뒤따른다 하더라도, 앉아서 이러한 '도'를 진상함보다 못하다. -『도덕경』

반면 '사람의 도(人道)'를 중시한 공자는 의례(儀禮) 뿐만 아니라, 주례(周禮) 역시 중시했습니다.

3-10: 공자가 말씀하셨다. "천자가 지내는 큰 제사인 '체'를 지낼 때 튤립으로 만든 울창주를 땅에 붓고는 그냥 떠나 버리니, 난 앞으로는 '체'라는 제사를 보고 싶지 않다." -『논어』

하지만 노자와 공자는 이구동성으로 예(禮)의 근본은 검소함에 있다고 강조했습니다.

3-4: 임방이 예(禮)의 근본이 무엇인지 물었다. 공자가 말씀하셨다. "참으로 심오한 질문이다. 예(禮)는 조화로움(和)을 위해서 절제하고 통제하는 것이므로, 화

려하기보다는 차라리 검소해야 한다. 특히나 의례(儀禮) 중 하나인 상례(喪禮)는 비록 도의 형식이긴 하지만, 진심을 다해서 슬퍼하지 않으면 안 된다." -『논어』

호세 무히카 우루과이 전 대통령은 취임식(2010년) 당시, 넥타이 없이 구겨진 양복을 입고 등장해 호화로운 퍼레이드나 상징적 장식도 없이, 아내와 함께 1987년산 폭스바겐 비틀을 타고 국회로 향했습니다. 그는 공식 취임 연설에서 "나는 평범한 사람일

뿐이며, 대통령이라는 자리는 그 누구보다 더 겸손해야 할 자리"
라고 말하며, 대통령궁 대신 소박한 농가에 살고, 급여의 90%를
기부하겠다는 뜻을 밝히기도 했습니다.

조코 위도도(좌)

조코 위도도 인도네시아 대통령은 2014년 취임식 당시 대통
령 전용 차량을 거부하고, 길거리에서 일반 시민들과 함께 트럭
을 타고 국회로 향했습니다. 고급 군악대나 호화로운 의전 대신,
청년 밴드, 전통춤, 민속 복장을 입은 시민들과 함께한 거리 퍼
레이드를 택하며, "대통령은 백성 위에 있는 자리가 아니라, 백

성 곁에 있는 자리"라는 메시지를 전달했습니다.

이제 이와 상반된 사례를 들어 보죠.

찰스 3세(Charles III)

2023년 5월 6일, 찰스 3세 국왕의 대관식이 웨스트민스터 사원에서 거행되었습니다. 이 행사는 영국과 영연방 군인 약 4,000명을 동원하여, 황금 마차를 이용한 퍼레이드 등으로 화려하게 진행되었습니다. 정부 발표에 따르면, 대관식 준비에 약 5,030만 파운드(약 886억 8,400만 원), 경호 및 치안 유지에 약 2,170만 파운드(약 382억 6,000만 원)가 지출되어 총 비용은 약 7,200만 파운드

(약 1,270억 원)에 달했습니다.

이러한 막대한 지출은 영국 국민들의 세금으로 충당되었으며, 일부에서는 경제적 어려움과 아동 빈곤 문제가 심각한 상황에서 이러한 거액을 대관식에 사용하는 것이 부적절하다는 의견이 제기되었습니다. 특히 군주제 폐지를 주장하는 단체인 '리퍼블릭'은 "영국 헌법이나 법률상에는 국왕의 대관식을 (세금으로) 치러야 할 의무가 없다"라며, "아이들이 점심을 먹을 형편이 안 될 정도로 아동 빈곤이 심각하고 경제가 좋지 않은 상황에서 국왕이 7,000만 파운드가 넘는 돈을 쓴 건 터무니없는 일"이라고 비판했습니다.

이러한 비판은 대관식의 사치스러움과 그로 인한 세금 지출이 현재의 경제적 어려움과 복지 문제를 고려할 때 적절하지 않다는 지적에서 비롯되었습니다. 일부 국민들은 이러한 자금을 복지, 교육, 의료 서비스 개선 등에 사용하는 것이 더 합리적이라고 주장하고 있습니다.

2) 음악(樂): 딱딱한 예(禮)를 보완하는 온유함

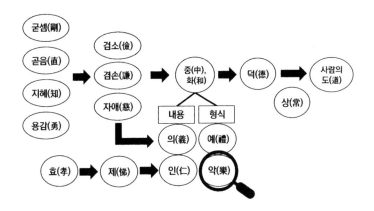

예(禮)는 엄숙함을 강조하기 때문에, 자칫 어색하고 딱딱한 분위기를 만듭니다. 반면 음악(樂)만 연주되면, 느슨하고 지루한 분위기에 빠질 수 있죠. 따라서 음악(樂)으로 예(禮)를 보완하여, 경직되거나 또는 느슨한 분위기로 치우지지 않도록 해야 하는 겁니다.

그래서 『예기』 「악기(樂記)」 편에는 다음과 같은 기록이 있습니다.

인(仁)은 음악(樂)에 가깝고, 의(義)는 예(禮)에 가깝다.

즉 의(義)과 예(禮)는 강함을 나타내기 때문에, 부드러움을 상징하는 인(仁)과 음악(樂)으로 그 딱딱함을 보완해야 한다는 겁니다.

한 나라의 대통령이 해외 순방을 하게 되면, 방문하는 국가에서는 공항에서 열병식과 군악대 연주로 그를 국빈 예우합니다. 이건 주례(周禮)에 해당하죠.

또한 결혼식에서 신부의 아버지와 신부가 함께 결혼식장에 입
장하면, 피아노로 신부 행진곡을 연주하는데요. 이건 의례(儀禮)
에 해당합니다.

그런데 상상해 봐요. 이 두 상황에서 예(禮)만 진행되면, 분위
기가 얼마나 어색할까요? 또 예(禮)가 없이 음악(樂)만 연주된다
면, 얼마나 늘어질까요? 따라서 예(禮)와 음악(樂)은 상호 보완 작
용을 하고 있는 겁니다.

하지만 예(禮)와 음악(樂)이 도의 형식이라고 해서, 구색만 맞추면 되는 게 아닙니다.

> 17-11: 공자가 말씀하셨다. "'예(禮)로다, 예(禮)로다.' 라고 하는데, 그것이 과연 옥과 비단을 말하는 것이겠느냐? '음악(樂)이로다, 음악(樂)이로다.'라고 하는데, 그것이 과연 종과 북을 말하는 것이겠느냐?" -『논어』

이처럼 예(禮)와 음악(樂)은 비록 도의 형식이지만, 진심으로 정성을 다하는 자세로 임해야 하는 겁니다.

7-3. 그 밖의 구성 요소

1) 굳셈(剛): 마음이 굳세어 사사로운 탐욕을 부리지 않음

전제: 신중(愼) 신뢰(信)

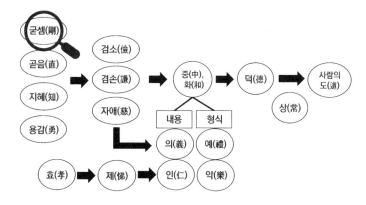

대원칙을 강조한 노자는 부드러운 태도인 자애로움(慈)으로 다스리기만 하면 된다고 말합니다.

> 78-2: 약한 것이 강한 것을 이기고, 연약한 것이 강경한 것을 이기는데, 세상에는 모르는 이가 없지만, 능히 행하는 자가 없다. -『도덕경』

반면 사람의 도(인도)를 중시한 공자는 굳셈(剛)의 중요성을 부단히 강조했습니다. 특히 다음 구절을 보면, 굳셈(剛)이 왜 중요한지도 이해할 수 있을 겁니다.

13-27: 공자가 말씀하셨다. "마음이 굳세어 사사로운 탐욕을 부리지 않는 굳셈, 의로움을 몸소 실천하는 용감함, 꾸밈없이 질박한 검소함, 말을 함부로 하지 않는 신중함은 어짊에 가까워지게 한다."

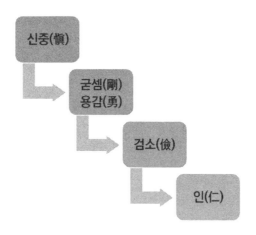

즉 기초가 되는 신중함(愼)을 토대로 굳셈(剛)과 용감함(勇)을 실천해야 그 상위 요소인 검소함(儉)을 행할 수 있고, 그래야 비로

소 더 상위에 있는 요소인 어짊의 인(仁)을 따를 수 있게 되는 겁니다.

바츨라프 하벨은 1977년 『차터 77 선언』을 통해 체코슬로바키아 공산 정부의 인권 탄압을 공개적으로 비판했습니다. 당시 정부는 하벨에게 "정치적 비판을 중단하면 글을 쓸 수 있도록 하겠다"라고 제안했지만, 하벨은 단호히 거부했습니다. 그는 결과적으로 징역 5년 형을 선고받고, 3년 넘게 복역했지만, 감옥에서도 자기 검열 없이 진실을 기록했습니다. 이때 하벨은 자신의 예술과 생계, 심지어 신체적 자유까지 걸린 상황에서도, 단 한 번도 "진실을 포기하거나 편해지자"라는 유혹에 굴복하지 않았습니다. 그가 선택한 길은 사사로운 생존보다 공적 양심을 택한 길이었죠.

1989년 벨벳 혁명을 통해 체코슬로바키아의 민주화가 이뤄지자, 그는 만장일치로 대통령에 선출되었습니다. 하지만 그는 권력을 얻은 이후에도 고급 관용차나 사치스러운 대통령궁 생활을 거부하고, 대통령궁에서 생활하되 필요 최소한의 공간만 사용했으며, 사생활에서도 검소함을 유지했습니다. 하벨은 대통령으로서 자신의 위치가 국민을 대표하는 도덕적 상징이라는 점을 늘 의식하며, "권력은 나를 위한 것이 아니라, 국민을 위한 도구다"라는 철학을 유지했습니다.

이뿐만이 아닙니다. 하벨은 공산 정권 시절 자신을 고문하고 수감시켰던 인물들이 여전히 정부 기관에 남아 있는 것을 알면서도, 보복하거나 대대적인 숙청을 벌이지 않았습니다. 그는 국민 통합을 우선시하며 "과거를 책임 묻되, 증오의 정치로 가지 말자"라는 입장을 일관되게 유지했습니다.

이제 이와 상반된 사례를 살펴볼까요?

나집 라작(Najib Razak, 좌)과 그의 아내 로스마흐 만소르(Rosmah Mansor, 우)

나집 라작(Najib Razak)은 2009년부터 2018년까지 말레이시아 총리를 지냈습니다. 온화한 인상에 언변이 뛰어났고, 전직 총리 의 아들로서 국방부 장관과 부총리를 거쳐 총리가 된 엘리트의 전형이었습니다.

그는 집권 초기부터 인종과 빈부격차를 이겨 내는 '하나 된 말레이시아'를 외쳤고, 이러한 정치 이념 실현을 위해서 국영 펀드를 내세웠습니다.

그의 계획은 이 투자금을 해외에 투자해서 이익을 얻고, 그 수익으로 사회 기반 시설을 짓겠다는 것이었죠. 그런데 그는 아무도 들어본 적이 없는 신생 기업의 펀드에 10억 달러(한화 1조 1,000억 원)를 투자합니다.

그가 투자한 기업의 대표는 나집 총리 의붓아들들의 친구 조 로우(Jho Low)였는데요. 종종 할리우드 스타들을 초대해서 대규모 파티를 열어 주기도 했다는 그는 유흥업계에서 큰손 중의 큰손으로 불리던 인물이었죠. 이야기는 여기서 끝나지 않습니다.

나집의 아내 로스마흐 만소르(Rosmah Mansor)는 필리핀 페르디난드 마르코스 전 대통령의 부인인 이멜다보다 더 사치스러웠다고 합니다. 한 번의 해외여행에서 쇼핑한 상품이 제트기 한 대 분량을 넘기도 했다는데, 조 로우는 이처럼 사치스러운 로스마흐에게 많은 돈을 상납했다고 합니다. 하지만 2013년 시작된 TRX 금융 센터 건설이 더딘 진행 끝에 중단되면서 이상한 자금

조 로우(Jho Low)

의 흐름이 포착되었고, 조사 결과 부채만 90억 달러에 달했습니
다. 결국 국민들의 피와 땀이 들어간 국영 펀드가 이들의 사치와
돈세탁으로 사라진 것인데, 조 로우가 이 중 27억 달러를 횡령했
고 또 그중 7억 달러는 나집의 주머니로 들어갔다고 합니다. 최
고 지도자 한 명의 역할이 얼마나 중요한지 여실히 보여 주는 사
건이었습니다.

2) 곧음(直): 사사로운 정에 얽매이지 않고 공정하게 판단하는
    자세

전제: 신중(愼) 신뢰(信)

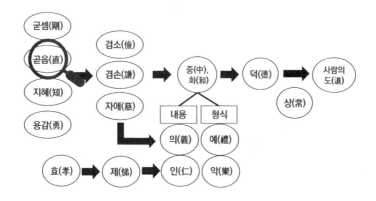

먼저 『좌전』 「소공(昭公) 14년」의 기록을 살펴보죠.

진(晉)나라의 형후와 옹자는 '축(鄐)' 지역을 가지려고 오랫동안 다툼을 벌였습니다. 이 일은 본래 법 담당인 사경백이 판단해야 할 업무였는데, 공교롭게도 그는 마침 다른 일 때문에 초나라로 가느라 자리를 비운 상태였죠.

이에 한선자의 명을 받은 숙어가 대리로 그 일을 판단했는데, 사실 잘못은 옹자가 했지만 옹자가 그의 딸을 숙어에게 바치자 숙어는 잘못을 형후에게 덮어씌웠죠.

형후는 이 사실에 분노하여 숙어와 옹자를 모두 조정에서 죽였습니다. 한선자가 숙향에게 누구의 잘못이냐고 묻자, 숙향은 "옹자는 자신의 잘못을 알면서도 뇌물로 속였고, 숙어는 공정해야 할 소송을 거래하는 물건으로 여겼으며, 형후는 사람을 함부로 죽였는데, 「하서」에 잘못을 미화하는 혼(昏)과 뇌물을 받아 관료의 권위를 더럽히는 묵(墨) 그리고 함부로 사람을 죽이는 적(賊)은 모두 사형에 처한다고 되어 있으니, 세 사람의 죄는 같습니다"라고 대답했습니다.

이 일에 대해서, 공자는 숙향이 숙어의 친형인데도 사사로운 정에 얽매이지 않고 공정하게 판단함으로써 예로부터 내려오는 곧음(直)을 따랐으니 의로운(義) 사람이었다고 평가했습니다.

따라서 곧음(直)은 바로 '사사로운 정에 얽매이지 않고 공정하게 판단하는 것'이고, 의(義)를 행하기 위한 전제 조건이 됨을 알 수 있죠. 또한 다음 구절을 통해서 곧음(直)의 보다 구체적인 의미를 이해할 수 있습니다.

> 5-23: 공자가 말씀하셨다. "누가 미생고를 곧다고 평하는가? 어떤 사람이 식초를 빌려 달라고 했더니, 식초를 자기 이웃에서 빌려다 주었다." -『논어』

따라서 진정한 곧음(直)이란 자기 능력 안에서 해결 가능할 땐 가능하다고 말하고, 또 없으면 없다고 있는 그대로 말해야 하는 겁니다.

1939년, 독일이 폴란드를 침공하며 제2차 세계대전이 발발했습니다. 당시 영국 총리 네빌 체임벌린(Neville Chamberlain)은 히틀러와의 평화 협정을 시도하며 전쟁을 피하려 했습니다. 그러나 히틀러는 뮌헨 협정(1938년)을 무시하고 계속해서 유럽을 침공했습니다.

1940년, 영국은 프랑스를 비롯한 연합군이 독일군에게 압도적으로 패배하며, 프랑스가 함락될 위기에 처했습니다. 이때 윈스턴 처칠(Winston Churchill)이 총리로 임명되었고, 국민들에게 다음과 같이 연설했습니다.

윈스턴 처칠(Winston Churchill)

"나는 여러분에게 피, 수고, 눈물, 그리고 땀 외에는 약속할 것이 없습니다."

그는 근거 없는 희망이나 낙관론을 퍼뜨리지 않았습니다. 현실을 정확히 전달하면서 국민들의 단결을 촉구했죠.

1940년 5월, 프랑스가 독일군에게 빠르게 패배하면서 영국군이 프랑스 해안에 고립되었습니다. 영국군 33만 명이 독일군에 의해 포위당했고, 전멸이 불가피한 상황이었습니다. 이때 처칠은 패배를 인정하고 철수 작전을 준비합니다. 그는 국민들에게 전쟁에서 승리할 수 있다고 거짓말을 하지 않고, 최대한 많은 병력을 철수시키겠다고 솔직하게 발표했습니다. 이처럼 처칠의 빠른 판단과 국민의 협력 덕분에, 33만 명의 병력을 덩케르크에서 철수시킬 수 있었습니다.

1940년, 프랑스가 독일에게 항복하자 영국은 유럽에서 사실상 유일한 대항 세력으로 남게 되었습니다. 이때 히틀러는 처칠에게 영국과 평화 협정을 맺자고 제안합니다. 일부 영국 정치인들은 히틀러와 협상을 해야 한다고 주장했지만, 처칠은 이를 단호하게 거부했습니다.

"우리는 끝까지 싸울 것이다. 해안에서, 상륙 지점에서, 들판과 거리에서, 언덕에서, 절대 항복하지 않을 것이다."

이 연설은 영국 국민들에게 큰 용기를 주었고, 결국 영국은 끝까지 싸워 연합군의 승리를 이끌었죠.

제2차 세계대전이 끝난 후, 영국은 전쟁으로 인해 심각한 재정적 위기에 빠졌습니다. 이때 처칠은 국민들에게 경제 회복이 쉽지 않을 것이라고 솔직하게 말하고, 허황된 약속을 하지 않았습니다.

만약 처칠이 미생고처럼 책임을 다른 사람에게 떠넘기고 거짓된 희망을 주었다면, 영국은 지금과는 사뭇 다른 운명을 맞이했을지도 모릅니다. 나아가 '처칠'이라는 이름은 서양의 '미생고'와 같은 이미지로 기억되고 있을지도 모르죠.

도널드 트럼프(Donald Trump, 좌)와 그의 장녀 이방카(Ivanka, 우)

반면 사사로운 정에 얽매여 공정하게 판단하지 못한 사례도 있습니다. 2020년 미국 도널드 트럼프(Donald Trump) 전 대통령의 재임 시절, 그의 장녀 이방카(Ivanka)는 자신의 사회관계망 서비스(SNS)에서 검은콩 통조림을 대놓고 광고했습니다. 이에 대해서 CNN과 워싱턴포스트(WP) 등 주요 언론은 이방카의 행위가 공무원의 윤리 규정을 위반했을 가능성이 있다고 지적했죠. 미국 정부 윤리청(OGE) 지침에 따르면, 공무원은 특정 기업과 그 제품을 지지 또는 보증하기 위해 정부 직위를 사용할 수 없습니다. 하지만 이방카 백악관 선임 고문(Senior Counselor)은 자신의 트위터(Twitter) 계정에 고야 푸드(Goya food)의 검은콩 통조림을 손에 든 사진과 함께, "고야라면 좋아야 한다"라는 회사 슬로건을 영어와 스페인어로 올렸던 겁니다. 이어서 트럼프 대통령도 "사람들이 고야 식품의 제품들을 미친 듯이 사고 있다"라면서, 고야 푸드 제품들을 앞에 늘어놓고 엄지를 치켜든 사진을 올리기도 했습니다. 이처럼 트럼프 부녀가 특정 업체를 노골적으로 지지한 이유는, 트럼프 지원 의사를 밝혔다가 불매운동 역풍을 맞은 고야 푸드를 지원하기 위한 것이었는데요. 고야 푸드는 스페인어를 쓰는 중남미계의 미국 이주민인 히스패닉(Hispanic)계 최대 기업이지만, 최고 경영자(CEO)인 로버트 우나누에(Robert Unanue)가 트럼프 대통령을 극찬하는 말을 했다가 불매운동의 대상이 되었습니다. 당시 그는 "우리는 트럼프 대통령 같은 지도자를 갖게 돼 진정 축복받았다"라며 칭찬했고, 이에 미국 내 반발 움직임이 확산된 겁니다.

3) 지혜로움(知): 초자연적인 힘에 의탁하지 않고 객관적으로 판단하는 태도

전제: 신중(愼) 신뢰(信)

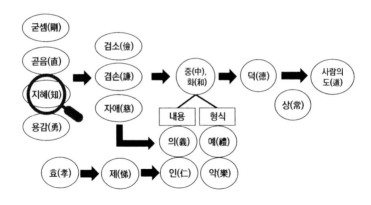

'사람의 도(人道)'를 중시한 공자는 지혜로움(知)의 중요성을 부단히 강조했습니다.

7-20: 공자는 초자연적인 괴이한 힘이나 자기 선조

의 혼백이 아닌 데도 제사를 지내는 문란한 행위에 대해서는 일체 언급하지 않으셨다. 『논어』

특히 다음 구절을 보면, 지혜로움(知)이 왜 중요한지도 이해할 수 있을 겁니다.

6-21: 공자가 말씀하셨다. "지혜로운 사람은 사리에 밝으므로 물과 같이 계속 앞으로 나아가면서 응용하고, 어진 사람은 진심으로 윗사람을 섬기므로 산과 같이 중후하게 원칙적으로 한 곳을 지킨다. 지혜로운 사람은 변화하고, 어진 사람은 고요하게 머문다. 지혜로운 사람은 물이 나아가는 것처럼 변하는 것을 즐기고, 어진 사람은 산과 같이 한 곳을 지키기에 자신이 받은 천성을 다하게 된다."

상위에 있는 어짊(仁)이 산처럼 쉬이 움직이지 않는 대원칙이라면, 지혜로움(知)은 어짊(仁)의 하위 요소로서 물처럼 끊임없이 움직이며 원칙을 응용하는 연상 능력이 됩니다. 특히 어짊(仁)은 산처럼 정적이고 지혜로움(知)은 흐르는 물처럼 동적이라고 했으므로, 이 둘도 역시 어느 한쪽으로 치우치지 않는 중(中)과 어느 하나 버리지 않고 모두 함께하는 화(和)를 위해서 공존할 수밖에 없는 관계에 있는 거죠.

공자는 또 다음과 같이 설명합니다.

> 4-2: 공자가 말씀하셨다. "어질지 못한 이는 오랫동안 검소한 자세를 지속할 수 없고, 검소한 자세를 지속할 수 없으면 도를 배워서 행하는 즐거움을 지속해서 누리지 못한다. 반면에 어진 사람은 진심으로 임금을 섬기고 따르므로 편안하게 어진 태도를 유지할 수 있고, 지혜로운 자는 어짊을 이롭게 한다."

여기서 공자는 검소(儉)해야 어짊(仁)을 행할 수 있다고 말합니다. 그리고 지혜로움(知)이 어짊(仁)을 이롭게 한다고 했으므로, 지혜로움(知)은 사람을 어질게(仁) 하는 촉매제 같은 역할을 함을 알 수 있습니다.

따라서 지혜로움(知)은 사람이 올바로 판단하여 검소(儉)하도

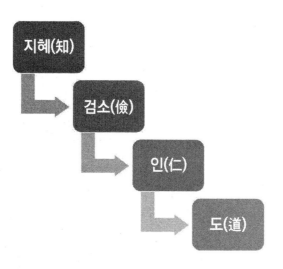

록 하고, 나아가 어짊(仁)을 행하도록 독려함으로써, 궁극적으로
는 도(道)에 도달하게 하는 역할을 하고 있음을 알 수 있습니다.

리셴룽(李顯龍, Lee Hsien Loong) 싱가포르 총리는 아버지 리콴유
(李光耀, Lee Kuan Yew) 초대 총리에게서 물려받은 권위에 기대지 않
고, 데이터와 분석을 바탕으로 실용적 정책을 펼쳐 왔습니다. 그
는 자주 "감정이 아니라 수치와 논리를 바탕으로 통치해야 한
다"라고 강조하며, 싱가포르를 동남아시아에서 가장 효율적인
국가로 이끌었는데요. 특히 국가 정책에 있어 종교적 신념이나
대중 감정이 아니라, 통계, 시뮬레이션, 전문가의 의견을 기반으

리셴룽(李顯龍, Lee Hsien Loong, 좌)과 그의 아버지 리콴유(李光耀, Lee Kuan Yew, 우)

로 판단했습니다. 예를 들어 교육, 주거, 복지정책 등 핵심 분야에서는 늘 성과 평가와 장기적 계획이 병행됐죠.

2020년 전 세계를 강타한 코로나19 팬데믹 속에서도 리셴룽 총리는 특유의 이성적 접근을 잃지 않았습니다. 초기에 감염자 동선 추적 시스템인 'Trace Together' 앱을 도입했고, 그 과정에서 시민의 사생활과 공익 사이의 균형을 지속적으로 설명하고 설득했습니다. 또한 그는 정부 차원에서 명령하는 고압적인 방

싱가포르 전역에 설치된 Trace Together 토큰 교환 자판기

법 대신, 국민이 이해할 수 있는 언어로 데이터와 과학적 근거를 설명하여 협조를 이끌어 냈습니다.

리셴룽 총리 개인은 불교적 가치를 존중하는 인물로 알려져 있지만, 그는 공적인 사안에서는 철저히 세속적 기준과 국제 규범에 따라 행동해 왔습니다. 대표적인 예가 2022년, 오랜 논란이었던 '동성애 처벌법 폐지' 발표인데요. 리셴룽은 "사회가 변하고 있고, 이 변화에 맞서 싸우기보다는 준비되어 있어야 한다"라면서, 도덕적 판단보다도 현실과 다양성을 존중하는 지혜로운 리더십을 보여 주었죠. 그는 "나는 종교인일 수 있지만, 총리로서의 판단은 모두를 위한 것이어야 한다"라고 말하며, 개인의 신념과 공공의 판단을 명확히 구분했습니다.

이제 이와 상반된 사례를 살펴볼까요?

니콜라이 2세(Николай II)

러시아의 니콜라이 2세는 어렸을 때부터 약자를 도와주는 따뜻한 마음씨의 소유자였습니다. 하지만 그는 너무 유약했기 때문에 지도자로 적합하지 않았죠. 1894년 황제로 즉위한 이후 재위 기간 내내 정치적 무능함을 보였고 급기야 미신을 신봉했는데, 여기서 언급할 인물이 바로 그리고리 라스푸틴(Grigori Rasputin)입니다.

그리고리 라스푸틴(Grigori Rasputin)

그는 혈우병으로 고생하던 황태자 알렉세이의 증세를 매번 기도 요법으로 일시적으로나마 호전시켜 신망을 얻었고, 급기야 귀족 대접을 받기에 이르렀죠. 나아가 당시 극심한 신경쇠약으로 고생하던 황후 알렉산드라는 라스푸틴을 맹신하여 그 없이는 하루도 견디지 못하는 지경에 이르렀고, 라스푸틴은 이참에 신의 대변인으로서 니콜라이 2세를 대신해서 실권을 장악해 폭정을 일삼았습니다. 특히 농민들에게 가혹한 세금을 징수해 사리사욕을 채웠고, 이에 항의하는 농민들에게 총격을 가하기까지 했죠. 라스푸틴은 결국 사람들에게 맞아서 네바강에 던져지는 비참한 최후를 맞이했고, 굶주림에 허덕이는 노동자들이 데모를 일으키자 니콜라이 2세도 스스로 왕위에서 내려왔습니다. 그는 이후 군인들의 감시하에서 근근이 편치 않은 삶을 이어 가다가, 결국 1918년에 총살당하고 맙니다. 그리고 몇 달 후 블라디미르 레닌이 주도한 볼셰비키 혁명으로 인해서, 러시아 왕조는 막을 내리게 되었습니다.

이처럼 지혜롭지(知) 못한 태도는 상관, 나아가 임금을 진심으로 섬기고 따르지(仁) 못하게 하고, 그 결과 자기 자신과 상관은 물론 심지어 나라를 송두리째 뒤흔들게 되는 겁니다.

4) 용감함(勇): 의로움(義)을 몸소 실천하는 행위

전제: 신중(愼) 신뢰(信)

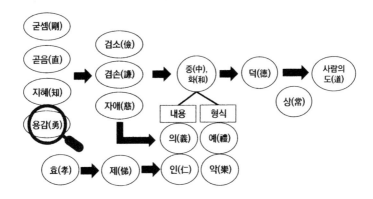

'사람의 도(人道)'를 중시한 공자는 용감함(勇)의 중요성을 부단히 강조했습니다.

> 2-24-2: 먼저 자신이 처한 신분을 명확히 하고 나아가 그 위치에서 마땅히 해야 하는 옳은 일에 목숨을 거는 의로움(義)을 보고도 행동으로 실천하지 못한다면, 그것은 용감함(勇)이 없는 것이다.

의로움(義)은 옳은 일인지 아닌지를 판단하는 이론적 기준이 되는 반면, 용감함(勇)은 의로움(義)을 몸소 행하는 실천이 됩니다. 즉 의로움(義)이 없으면 용감함(勇) 역시 존재할 수 없죠. 그래서 공자는 또 다음처럼 설명하기도 했습니다.

> 17-23: 자로가 물으셨다. "군자는 용감함을 숭상합니까?" 공자가 말씀하셨다. "군자는 의로움을 으뜸으로 삼는다. 군자가 용감하지만 의롭지 못하면 반란을 일으키고, 피지배계급인 소인이 용감하지만 의롭지 못하면 도둑질을 하게 된다."

옳은 일인지 아닌지를 판단하는 기준이 되는 의로움(義) 없이 용감함(勇)만 강조하면, 두려움 없이 포악해져서 반란을 일으키는 데 일말의 주저함도 없게 되는 겁니다. 하물며 피지배계급인 소인이 어짊(仁)과 의로움(義) 없이 용감(勇)하면, 아무런 두려움 없이 도둑질을 일삼게 되는 건 어찌 보면 당연한 일일 겁니다.

2022년 2월 24일, 러시아가 우크라이나 전역을 침공하자 세계는 충격에 빠졌습니다. 수도 키이우는 곧 러시아군의 포위 대상이 되었고, 미국은 젤렌스키 대통령에게 "대피용 차량을 준비

볼로디미르 젤렌스키(Volodymyr Zelensky)

하겠다"라고 제안했죠. 하지만 젤렌스키는 단호히 거절하며 말했습니다. "I need ammunition, not a ride(나는 탄약이 필요하지, 차가 필요한 것이 아니다)."

볼로디미르 젤렌스키(Volodymyr Zelensky)는 원래 희극 배우이자 TV 스타였습니다. 정치 경험이 없던 그가 대통령에 당선됐을 때 많은 이들이 우려했는데요. 그러나 그는 국민이 선출한 대통령으로서, 국민의 생명과 주권을 지키는 것이 자신의 도리임을 분명히 인식했습니다. 그래서 그는 전시 상황에서도 "나는 국민과 함께 이 땅에 남겠다"라고 선언했죠.

젤렌스키 대통령은 키이우 시내에서 군복을 입고 직접 촬영한 셀프 영상을 통해 국민들에게 이렇게 말했습니다. "대통령은 여기 있고, 우리는 모두 우크라이나를 지키고 있다. 도망가지 않았다." 그는 키이우 시내에 남아 직접 국방 작전을 총괄했고, 국회의원들과 매일 영상 회의를 이어 갔습니다. 이후로도 젤렌스키 부부는 함께 키이우에 남았으며, 그의 아내는 언론 인터뷰에서 "우리는 대통령 가족이 아니라, 전사의 가족이다"라고 말하기도 했습니다.

이뿐만이 아닙니다. 그는 지금까지도 미국, 독일, 일본, 한국 등 각국 의회에서 연설하며 지원과 연대를 이끌어 내고 있는데요. 그의 이러한 외교적 노력은 우크라이나가 홀로 싸우지 않도록 국제적 동맹을 형성하는 데 핵심적인 역할을 하고 있습니다.

이제 이와 상반된 모습을 보여 준 사례를 살펴보겠습니다.

베니토 무솔리니(Benito Mussolini)는 1919년, '전투파 파시스트 (Fasci di Combattimento)'라는 정치 조직을 창설하고, 공산주의와 사

베니토 무솔리니(Benito Mussolini)

회주의를 탄압하며 보수층의 지지를 받기 시작했습니다. 1922년, '로마 진군(March on Rome)'을 주도하며 쿠데타 없이 왕과 정부의 동의를 얻어 총리직을 차지했죠.

권력을 잡은 후, 그는 언론 통제와 반대파 탄압을 통해 민주주의를 제거하고 독재 체제를 구축했습니다. 특히 "국가는 개인보다 우위에 있다"라는 논리로, 정부가 국민의 모든 삶을 통제하는 파시즘(Fascism) 체제를 확립했습니다.

무솔리니 정권의 본질은 이후 1924년 야당 지도자 자코모 마테오티(Giacomo Matteotti)가 정부를 비판한 후 암살당하면서 만천하에 드러나게 됩니다. 무솔리니가 비밀 경찰(OVRA)을 운영하며 반대 세력을 철저히 탄압했던 겁니다.

1930년대 무솔리니는 군사력 강화와 해외 정복을 통해 '로마 제국의 부활'을 꿈꾸며 공격적인 확장 정책을 펼쳤습니다. 에티오피아 침공(1935~1936)과 스페인 내전 개입(1936~1939) 그리고 히틀러와 동맹 등을 들 수 있습니다.

1940년, 무솔리니 정권은 독일을 따라 2차 세계대전에 참전했으나, 이탈리아군은 전투력이 부족했고, 연합군에게 연달아 패배했습니다.

1943년, 동맹국이었던 독일마저 등을 돌리자 국내 반무솔리니 운동이 커졌고, 결국 실각했습니다.

그리고 1945년, 전쟁에서 패색이 짙어지자 무솔리니는 도주를 시도했으나, 이탈리아 파르티잔(저항군)에 붙잡혀 처형되었는데요. 그의 시신은 밀라노 광장에서 거꾸로 매달려 조롱당하는 굴욕적인 최후를 맞았습니다.

이는 지도자가 '의로움(義)' 없이 '용감함(勇)'만을 내세울 경우, 두려움 없이 포악해져 국가를 파멸로 이끌 수 있음을 보여 주는 대표적인 역사적 교훈입니다.

8.

도(道)와
덕(德)의 차이

8.

도(道)와
덕(德)의 차이

지금까지 설명한 '하늘의 도(天道)'와 '사람의 도(人道)'를 완성하기 직전 단계인 덕(德)에 도달하는 과정을 그림으로 정리하면 다음과 같습니다.

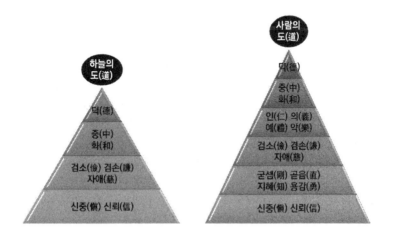

　이처럼 덕(德)을 행한다는 것은, 마치 빌딩이 완공된 것과도 같습니다. 하지만 덕(德)이 곧 도(道)가 되는 건 아닙니다. '덕'에 상(常)이 합쳐져야 비로소 온전한 '도'가 완성되기 때문이죠.

아무리 멋진 건물이라도 꾸준히 관리하지 않으면 결국 사람의 발길이 끊긴 폐건물이 되고 맙니다. 마찬가지로 '덕'을 행하더라도, 그것이 '도' 자체에 도달한 건 아니라는 거죠. 즉 '도'라는 것은 변치 않고 끝까지 '덕'을 실천하는 모습을 보일 때 완성됩니다.

『도덕경』에는 다음과 같은 구절이 있습니다.

> 33-4: 그 처한 위치를 잃지 않는 이는 오래 하고, 죽었으나 없어지지 않는 이는 장수한다.

참된 지도자는 자기가 처한 위치를 망각하지 않고 그 외의 것을 바라지 않았기 때문에 지도자의 지위를 오랫동안 보존할 수 있었습니다. 또 성인은 죽어서 육신이 사라졌어도 명성만은 사라지지 않았기 때문에 지금까지도 잊히지 않고 사람들의 마음속에 살아 있습니다.

『시경』「대아·탕」에서 "시작이 없지는 않지만, 그 끝이 있기는 드물다(靡不有初, 鮮克有終.)"라고 했습니다. 처음부터 일을 그르치고자 하는 지도자는 없습니다. 그저 중간에 변하는 것일 뿐.

죽어서도 그 이름이 잊혀지지 않고 칭송받는 정면교사가 될 것인가, 아니면 후손들이 두고두고 부끄러워하는 반면교사가 될 것인가. 그 선택은 본인의 몫입니다.

인물 사전:
정치의 얼굴

바샤르 알아사드

Bashar al-Assad

바샤르 알아사드

(Bashar al-Assad, 1965년~)

바샤르 알아사드는 시리아의 대통령으로, 2000년 아버지 하페즈 알아사드(Hafez al-Assad)의 사망 이후 권좌에 올랐다. 원래는 안과 의사로 영국에서 수련하던 중이었으나, 형 바실 알아사드의 교통사고 사망 이후 정치 후계자로 내정된 것이다.

그의 집권 초기에는 개혁 기대감이 있었지만, 시간이 지나면서 권위주의적 통치가 강화되었다. 2011년 아랍의 봄 당시 시리아에서도 민주화 요구 시위가 발생했고, 이는 곧 내전으로 확산되었다. 이후 그는 러시아와 이란의 지원을 바탕으로 장기 집권을 이어 오고 있으며, 내전 과정에서의 인권 탄압과 전쟁범죄 혐의로 국제 사회에서 강한 비판을 받아 왔다.

2025년 5월 현재, 바샤르 알아사드는 더 이상 시리아 대통령직을 유지하고 있지 않다. 2024년 12월, 시리아 반군이 수도 다마스쿠스를 함락하면서 알아사드 정권은 붕괴했고, 바샤르 알아사드는 가족과 함께 러시아로 망명했다. 현재 시리아는 반군 출신 아흐메드 알 샤라(Ahmed al-Sharaa)가 임시 대통령으로 지명되어 국가를 이끌고 있다.

잘레우쿠스

Zaleucus

잘레우쿠스

(Zaleucus, 기원전 7세기경)

잘레우쿠스는 고대 그리스 시기의 로크리 에피제피리(Locris Epizephyrii, 오늘날 이탈리아 남부 지역)에서 활동한 입법자이자 정치가였다. 그는 역사상 최초로 성문화된 법전을 제정한 인물 중 하나로 전해진다. 그의 법은 엄격하고 강력한 것으로 유명했으며, 특히 사적인 감정을 배제하고 공공의 이익을 우선하는 법치주의의 초석을 마련했다는 점에서 높이 평가받는다.

그의 일화 중 가장 널리 알려진 것은, 자신이 제정한 법을 위반한 아들을 처벌해야 했을 때, 법의 권위를 지키기 위해 한쪽 눈을 아들과 나누어 뽑았다는 이야기다. 이 일화는 법 앞의 평등과 정의에 대한 헌신을 상징적으로 보여 주는 사례로, 후세의 법률가와 철학자들에게도 깊은 영향을 주었다.

잘레우쿠스는 법의 기초를 마련한 상징적 존재로 여겨지고 있다. 그는 서양 법사에서 최초의 입법자로 기록되며, 공정한 통치와 법치주의의 상징으로 법학, 정치철학, 윤리학 분야에서 자주 인용된다. 그가 남긴 정신은 고대의 전설을 넘어 현대 법치주의의 뿌리로서 여전히 조명받고 있다.

알렉산더 보리스 디 페펄 존슨

Alexander Boris de Pfeffel Johnson

보리스 존슨

(Boris Johnson, 1964년~)

보리스 존슨은 1964년 6월 19일 미국 뉴욕에서 태어난 영국 정치인이다. 그는 영국의 명문 이튼 칼리지와 옥스퍼드 대학교에서 고전학을 전공하였으며, 옥스퍼드 유니언의 회장을 역임하였다. 초기에는 언론인으로 활동하며 '더 타임스'와 '데일리 텔레그래프' 등에서 기자로 일했다.

정치에 입문한 이후, 2001년부터 2008년까지 헨리(Henley) 지역구에서 하원 의원을 지냈으며, 2008년부터 2016년까지 런던 시장으로 재임하였다. 런던 시장 재임 중에는 2012년 런던 올림픽을 성공적으로 개최하고, 대중교통 개선과 범죄율 감소에 기여하였다. 이후 2016년부터 2018년까지 외무 장관을 역임하였으며, 2019년 7월 24일부터 2022년 9월까지 영국 총리로 재임하였다.

총리 재임 중에는 브렉시트(Brexit)를 주도하여 2020년 1월 31일 영국의 유럽연합 탈퇴를 이끌었으며, COVID-19 팬데믹 기간 동안 백신 개발과 접종을 신속히 추진하여 영국 경제의 조기 재개에 기여하였다. 그러나 '파티게이트' 등 여러 스캔들로 인해 2022년 9월 총리직에서 사임하였다.

앙겔라 도로테아 메르켈
Angela Dorothea Merkel

앙겔라 메르켈
(Angela Merkel, 1954년~)

앙겔라 메르켈은 1954년 7월 17일 서독 함부르크에서 태어났으며, 일찍이 가족과 함께 동독으로 이주하여 성장했다. 동독의 사회주의 체제 아래에서 자란 그녀는 라이프치히 대학교에서 물리학을 전공하고, 1986년 양자화학 박사 학위를 취득한 후 연구원으로 활동했다.

메르켈은 1989년 베를린 장벽 붕괴 이후 정치에 입문하여, 1990년 독일 통일 직후 기독교민주연합(CDU)에 합류했다. 이후 여성청소년부 장관, 환경부 장관 등을 역임하며 정치 경력을 쌓았고, 2000년 CDU 최초의 여성 당 대표로 선출되었다.

2005년 독일 최초의 여성 총리로 취임한 메르켈은 2021년까지 16년간 재임하며 독일과 유럽의 중심인물로 활약했다. 그녀는 2008년 글로벌 금융 위기, 2015년 유럽 난민 위기, COVID-19 팬데믹 등 여러 위기를 안정적으로 관리하며 국제사회에서 신뢰받는 지도자로 평가받았다. 특히 2015년에는 약 130만 명의 난민을 수용하는 결단을 내려 국제적 주목을 받았으며, 유럽연합(EU) 내에서 실질적인 리더십을 발휘했다.

현재 메르켈은 공식적인 정치 활동에서는 물러났지만, 여전히 국제 무대에서 영향력 있는 목소리를 내고 있으며, 민주주의와 자유의 가치를 지키기 위한 활동을 지속하고 있다.

조제프 자크 장 크레티앵
Joséph Jacques Jean Chrétien

장 크레티앵
(Jean Chrétien, 1934년~)

　　라발 대학교에서 법학을 전공한 장 크레티앵은 1958년 변호사 자격을 취득한 후, 1963년 자유당 소속으로 연방 하원 의원에 처음 당선되며 정치에 입문했다. 그의 정치 경력은 40년 이상에 걸쳐 이어졌으며, 피에르 트뤼도 총리 시절에는 인디언 및 북부개발부 장관, 재무 장관, 법무 장관 등 주요 내각 직책을 역임했다. 특히 1982년 캐나다 헌법의 귀환과 권리 자유 헌장을 제정하는 데 핵심적인 역할을 했다.

　　1990년 자유당 대표로 선출된 그는 1993년 총선에서 압승을 거두며 캐나다의 제20대 총리로 취임해, 이후 2003년까지 세 차례 연속 다수당 정부를 이끌며 장기 집권했다. 그는 1995년 퀘벡 독립 국민투표에서 연방주의를 지지하는 결과를 이끌어 내는 등 국가 통합을 위한 노력을 기울였다. 그의 재임 기간 동안 캐나다는 거의 30년 만에 처음으로 연방 예산 흑자를 기록했다.

　　2025년 현재, 91세의 장 크레티앵은 공식 정치 활동에서는 은퇴했지만 여전히 캐나다의 통합과 주권을 수호하는 목소리를 내고 있으며, 정치적 원로로서의 역할도 지속하고 있다. 2025년 3월, 미국 도널드 트럼프 전 대통령이 캐나다를 "미국의 51번째 주"로 언급했을 때 크레티앵은 이를 "전례 없는 주권에 대한 위협"이라고 강하게 비판하며, "캐나다인은 세계 최고의 나라를 포기하지 않을 것"이라는 일침을 가하기도 했다.

타게 프리티오프 엘란데르

Tage Fritjof Erlander

타게 엘란데르
(Tage Erlander, 1901년~1985년)

타게 엘란데르는 1946년부터 1969년까지 총리로 재임하며 23년간 스웨덴을 이끈 정치인이다. 이는 스웨덴 역사상 최장수 총리 기록이며, 현대 서구 민주주의 국가 중에서도 가장 긴 재임 기간에 해당한다.

그는 스웨덴 사회민주노동당(Social Democratic Party)의 지도자로서, 제2차 세계대전 이후 스웨덴을 복지국가로 탈바꿈시키는 데 핵심적인 역할을 했다. 엘란데르 정부는 보편적 연금, 아동 수당, 건강 보험, 유급 휴가 확대, 공공 주택 보조 등 다양한 사회복지 제도를 도입하여 스웨덴의 생활 수준을 세계 최고 수준으로 끌어올렸다.

또한 그는 중도적이고 실용적인 정치 스타일로 야당과의 협력을 중시하며, 노사 간의 대화를 통해 사회적 합의를 이끌어 냈다. 그의 재임 기간 동안 스웨덴은 경제 성장과 사회 안정이라는 두 마리 토끼를 잡으며 "스웨덴 모델"의 전형을 구축하였다.

그의 고향인 란세테르(Ransäter)에는 엘란데르의 생가를 박물관으로 조성한 '엘란데르고르덴(Erlandergården)'이 있으며, 이곳에서 여전히 그의 삶과 업적이 기려지고 있다. 또한, 스웨덴 왕립 과학원은 그의 이름을 딴 '타게 엘란데르 상(Tage Erlander Prize)'을 제정하여 자연과학, 기술, 수학 분야에서 뛰어난 연구를 수행한 학자들에게 수여하고 있다.

니콜라 폴 스테판 사르코지 드 너지보처
Nicolas Paul Stéphane Sarközy de NagyBocsa

니콜라 사르코지

(Nicolas Sarkozy, 1955년~)

법학 전공자인 니콜라 사르코지는 변호사 자격을 취득한 후 1983년부터 2002년까지 뇌이쉬르센(Neuilly-sur-Seine) 시장으로 재임하며 정치 경력을 시작했다. 이후 예산부 장관, 내무부 장관, 재무부 장관 등을 역임하며 프랑스 정치의 중심인물로 부상했다.

니콜라 사르코지는 2007년 프랑스 대선에서 사회당의 세골렌 루아얄을 꺾고 제23대 대통령에 당선되었다. 재임 기간에 그는 프랑스 대학 개혁(2007년), 연금 개혁(2010년) 등 국내 개혁을 추진하였으며, 2008년 글로벌 금융 위기와 유럽 재정 위기, 러시아-조지아 전쟁, 아랍의 봄 등 국제적 위기 상황에서 프랑스의 입장을 주도적으로 이끌었다. 특히 2008년 러시아-조지아 전쟁 중 휴전 협정을 중재한 것은 그의 외교적 성과로 평가받는다.

그러나 현재, 사르코지는 여러 법적 문제에 직면해 있다. 2014년 판사 매수 혐의로 유죄 판결을 받았으며, 2024년 12월 프랑스 최고재판소는 이 판결을 확정하였다. 이에 따라 그는 1년간 전자 발찌를 착용해야 하며, 3년간 공직 출마도 금지된다. 또한 그는 2007년 대선 당시 리비아의 무아마르 카다피로부터 불법 자금을 수수한 혐의로 재판을 받고 있으며, 검찰은 이에 7년형과 30만 유로의 벌금, 5년간의 공직 출마 금지를 구형하였다. 사르코지는 모든 혐의를 부인하며 유럽 인권 재판소에 항소할 계획을 밝히고 있다.

아르센 샤를 에르네스트 벵거

Arsène Charles Ernest Wenger

아르센 벵거

(Arsène Wenger, 1949년~)

아르센 벵거는 1949년 10월 22일 프랑스 스트라스부르에서 태어났다. 선수 시절에는 스트라스부르 등에서 수비수로 활동했으며, 1981년부터 지도자로 전향하여 AS 낭시, AS 모나코, 일본의 나고야 그램퍼스 등을 거쳤다. 특히 모나코에서는 1988년 리그 1 우승을 이끌며 지도력을 인정받았다.

그는 1996년부터 2018년까지 22년간 아스널 FC의 감독을 맡아 클럽 역사상 가장 긴 재임 기간을 기록했다. 그의 지도 아래 아스널은 3회의 프리미어리그 우승과 7회의 FA컵 우승을 달성했으며, 2003-2004 시즌에는 프리미어리그 역사상 유일한 무패 우승을 이루었다. 벵거는 선수들의 식단, 훈련 방식, 스카우팅 시스템 등에서 혁신을 도입하여 잉글랜드 축구의 현대화에 기여했다.

2025년 현재, 벵거는 FIFA의 글로벌 축구 개발 책임자로 활동하고 있다. 그는 2025년 미국에서 개최될 FIFA 클럽 월드컵의 확대를 통해 전 세계 클럽들의 경쟁력을 강화하고자 노력하고 있다. 또한, 오프사이드 규정의 개정을 제안하여 공격적인 플레이를 장려하는 방향으로 축구 규칙의 변화를 주도하고 있다. 최근에는 아스널의 프리미어리그 우승 가능성에 대해 회의적인 견해를 밝히기도 했다.

로드리고 로아 두테르테

Rodrigo Roa Duterte

로드리고 두테르테

(Rodrigo Duterte, 1945년~)

로드리고 두테르테는 1945년 필리핀 레이테주의 마아신에서 태어나, 어린 시절 다바오시로 이주하여 성장했다. 아버지 비센테 두테르테는 다바오 주지사를 지냈으며, 어머니 솔레다드 로아는 교육자이자 시민운동가로 활동했다. 두테르테는 라이시움 대학교에서 정치학을 전공하고, 산 베다 대학교에서 법학 학위를 취득한 후, 1977년부터 1986년까지 다바오 시의 검사로 재직했다.

1988년 다바오 시장으로 선출된 그는 22년간 재임하며 범죄와의 전쟁을 선포하고, 다바오를 비교적 안전한 도시로 탈바꿈시켰다. 그러나 이 과정에서 초법적 처형과 인권 침해에 대한 비판도 제기되었다. 2016년 필리핀 제16대 대통령으로 취임한 그는 전국적으로 '마약과의 전쟁'을 확대하여 수천 명의 사망자를 초래했으며, 국제사회로부터 강한 비판을 받았다.

2025년 3월, 두테르테는 필리핀 마닐라의 니노이 아키노 국제공항에서 국제형사재판소(ICC)가 발부한 체포 영장에 따라 체포되었다. 그는 2011년부터 2019년까지 다바오 시장 및 대통령 재임 중 저지른 반인도적 범죄 혐의로 기소되었으며, 현재 네덜란드 헤이그의 ICC 구금 시설에 수감 중이다 . 2025년 3월 14일, 그는 ICC 예비 심리부에 첫 출석하여 혐의를 통보받았으며, 9월 23일에 예정된 본격적인 공판을 앞두고 있다.

조지 워싱턴

George Washington

조지 워싱턴

(George Washington, 1732년~1799년)

조지 워싱턴은 미국의 초대 대통령으로, 미국 독립 전쟁에서 대륙군 총사령관으로 활약하며 미국의 독립을 이끌었다. 그는 1787년 헌법 제정 회의의 의장을 맡아 미국 헌법의 초안을 작성하는 데 기여하였으며, 1789년 만장일치로 초대 대통령에 선출되었다. 재임 중에는 강력한 중앙 정부를 수립하고, 중립 외교 정책을 통해 신생 국가의 안정을 도모하였다. 또한, 두 차례의 임기를 마친 후 자발적으로 권력을 이양함으로써 민주주의의 전통을 확립하였다.

조지 워싱턴은 1799년 사망하였지만, 그의 유산은 여전히 미국 사회에 깊이 남아 있다. 워싱턴 D.C.와 워싱턴 주를 비롯하여 그의 이름을 딴 지명과 기념물이 다수 존재하며, 미국 1달러 지폐와 25센트 동전에도 그의 초상이 사용되고 있다. 또한, 그의 생일인 2월 22일은 '대통령의 날'로 기념되고 있다. 최근에는 워싱턴의 노예 소유와 원주민 정책에 대한 비판적 재평가가 이루어지고 있으며, 그의 복합적인 유산에 대한 다양한 해석이 진행되고 있다.

베냐민 비비 네타냐후

Benjamin Bibi Netanyahu

베냐민 네타냐후

(Benjamin Netanyahu, 1949년~)

    텔아비브에서 태어난 베냐민 네타냐후는 어린 시절을 예루살렘과 미국에서 보냈다. 그는 이스라엘 방위군의 특수부대인 사예레트 마트칼(Sayeret Matkal)에서 복무하며 여러 작전에 참여하였고, 이후 미국 매사추세츠 공과대학교(MIT)에서 학사 및 석사 학위를 취득하였다.

    정계에 입문한 그는 1984년부터 1988년까지 유엔 주재 이스라엘 대사를 역임하였으며, 1996년에는 이스라엘 역사상 최연소 총리로 선출되었다. 이후 2009년~2021년, 그리고 2022년~현재까지 총리직을 수행하며 이스라엘 역사상 최장수 총리로 기록되었다. 이란 핵 문제에 대한 강경 대응, 팔레스타인과의 평화 협상에 대한 보수적 접근, 그리고 아브라함 협정을 통한 아랍 국가들과의 외교 정상화 등은 그의 주요 업적으로 평가된다.

    한편 2025년 현재, 네타냐후는 하마스와의 갈등으로 인한 가자 지구에서의 군사 작전을 지속하고 있다. 그는 하마스의 완전한 해체와 인질 석방을 전제로 전쟁을 계속하겠다는 입장을 고수하고 있으며, 이에 대한 국내외의 비판과 압박이 증가하고 있다.

호세 알베르토 무히카 코르다노

José Alberto Mujica Cordano

호세 무히카

(José Mujica, 1935년~)

호세 무히카는 1935년 우루과이 몬테비데오에서 태어났다. 젊은 시절, 그는 쿠바 혁명의 영향을 받아 1960년대 우루과이의 도시 게릴라 조직인 투파마로스(Tupamaros)에 합류하여 무장 투쟁을 벌였다. 이로 인해 그는 14년간 수감 생활을 하며, 그중 상당 기간을 독방에서 보냈다.

1985년 민주주의가 회복된 후 석방된 그는 정치에 입문하여 1995년부터 하원 의원, 2000년부터 상원 의원을 지냈으며, 2005년부터 2008년까지 농축산수산부 장관을 역임했다. 2010년부터 2015년까지는 우루과이의 제40대 대통령으로 재임하며, 동성결혼 합법화, 낙태 합법화, 대마초 합법화 등 진보적 개혁을 주도했다.

그는 대통령 재임 중에도 수도 외곽의 농장에서 거주하며, 월급의 90%를 기부하는 등 검소한 생활로 '세계에서 가장 가난한 대통령'이라는 별명을 얻었다.

2020년 상원 의원직에서 은퇴한 후에도 그는 정치적 발언과 사회 참여를 이어 갔다. 2024년 4월, 그는 식도암 진단을 받았으며, 2025년 1월에는 암이 간으로 전이되었음을 공개하고 치료를 중단하기로 결정했다. 그는 언론 인터뷰에서 "나는 죽어 가고 있다"라고 밝히며, 젊은이들에게 삶의 아름다움과 희망을 잃지 말 것을 당부했다.

그의 철학적 발언과 검소한 삶은 여전히 많은 이들에게 영감을 주고 있으며, 그는 현대 정치에서 드문 '철학자 대통령'으로 기억되고 있다.

자이르 메시아스 보우소나루

Jair Messias Bolsonaro

자이르 보우소나루

(Jair Bolsonaro, 1955년~)

　자이르 보우소나루는 1977년 아굴라스 네그라스 군사학교를 졸업한 후, 브라질 육군에서 포병 장교로 복무하며 1988년까지 군 경력을 쌓았다. 이후 1988년 리우데자네이루 시의원으로 정계에 입문한 그는 1991년부터 2019년까지 연방 하원 의원으로 활동하며 보수적이고 군사 중심적인 정치 성향을 드러냈다. 2018년 대선에서는 반부패와 강경한 치안 정책을 내세워 승리하였으며, 2019년부터 2022년까지 브라질 제38대 대통령으로 재임하였다.

　재임 기간 동안 그는 아마존 열대우림 개발 확대, 코로나19 대응에 대한 논란, 선거 시스템에 대한 불신 조장 등으로 국내외에서 논란의 중심에 섰다. 특히 2022년 대선 패배 후 그의 지지자들이 정부 청사를 점거하는 사태가 발생하였으며, 이에 대한 책임으로 2023년부터 2030년까지 공직 출마가 금지되었다.

　또한 보르소나우는 2023년 1월 발생한 정부 청사 점거 사태와 관련하여 쿠데타 시도 혐의로 브라질 대법원에서 재판을 받을 예정이다. 유죄 판결 시 최대 40년의 징역형이 선고될 수 있다. 이외에도 그는 사우디아라비아로부터 받은 보석류 횡령 혐의로 조사를 받고 있으며, 코로나19 백신 접종 기록 조작 혐의에 대해서는 증거 불충분으로 기소되지 않았다.

　현재 그는 정치 활동에서 물러나 건강 회복과 법적 대응에 집중하고 있으며, 2030년까지 공직 출마가 금지되어 있다.

저신다 케이트 로렐 아던

Jacinda Kate Laurell Ardern

저신다 아던
(Jacinda Ardern, 1980년~)

2017년 10월, 37세의 나이로 뉴질랜드 제40대 총리에 취임한 저신다 아던은 150년 만의 최연소 총리이자 세 번째 여성 총리다. 그녀는 포용과 공감 중심의 리더십으로 국내외에서 주목받았다.

재임 중에는 2019년 크라이스트처치 이슬람 사원 총격 사건에 대한 공감 어린 대응과 총기 규제 강화, 코로나19 팬데믹에 대한 선제적이고 강력한 방역 조치로 국제적 찬사를 받았다. 또한, 2020년 총선에서는 노동당이 단독 과반을 차지하며 재선에 성공했다.

그러나 장기화된 팬데믹 대응과 일부 정책에 대한 비판이 이어지면서 지지율이 하락했고, 2023년 1월, 그녀는 "더 이상 충분한 에너지가 없다"라는 이유로 총리직에서 사임했다.

2025년 현재, 저신다 아던은 다양한 국제적 활동을 이어 가고 있다. 하버드 대학교에서 시니어 펠로우로 재직 중이며, 옥스퍼드 대학교 블라바트닉 공공정책대학원에서는 Distinguished Fellow로 활동하고 있다. 또한, '크라이스트처치 콜'의 후원자로서 온라인 극단주의 콘텐츠 근절을 위한 국제 협력을 주도하고 있다.

한편, 그녀의 총리 재임 기간을 다룬 다큐멘터리 <Prime Minister>가 2025년 선댄스 영화제에서 공개되어 화제를 모으기도 했다. 이 다큐멘터리는 그녀의 정치와 개인 생활의 균형을 적절히 조명했다는 평가를 받는다.

넬슨 롤리랄라 만델라
Nelson Rolihlahla Mandela

넬슨 만델라
(Nelson Mandela, 1918년~2013년)

넬슨 만델라는 남아프리카공화국 트란스케이의 템부족 왕가 출신으로 태어났으며, 포트헤어 대학교와 비트바테르스란트 대학교에서 법학을 공부하였다. 그는 백인 소수 정부가 흑인 다수를 억압하던 아파르트헤이트(인종차별 정책) 체제에 맞서 아프리카민족회의(ANC)에서 활동하며, 평등과 인권을 위한 투쟁을 이어 갔다.

넬슨 만델라는 1962년 체포된 후 27년간 복역하며 남아공 흑인 인권운동의 상징이 되었다. 1990년 석방된 그는 인종 간 화해와 협력을 강조하며 남아공을 평화로운 민주주의로의 전환으로 이끌었으며, 1994년 남아공 최초 다인종 자유선거를 통해 대통령에 당선되어 1999년까지 재임했다.

그는 재임 중에도 사적 보복 없이 용서와 통합을 강조하며 "진실과 화해위원회"를 통해 국가 치유를 시도했다. 이러한 행보는 전 세계에 큰 감동을 주었으며, 그는 1993년 노벨평화상을 공동 수상하였다.

넬슨 만델라는 2013년 세상을 떠났지만, 그의 삶은 여전히 정의와 화해의 상징으로 남아 전 세계에 강력한 영향력을 발휘하고 있다. 남아프리카공화국을 비롯한 각국에서는 매년 7월 18일을 '만델라의 날'로 기념하며, 그의 자서전 『자유를 향한 긴 여정(Long Walk to Freedom)』은 여러 언어로 번역되었을 뿐만 아니라 영화화되기도 하였다. 또한 그는 UN과 세계 시민사회가 선정한 20세기 최고의 인권 지도자 중 한 명이기도 하다.

조코 위도도
Joko Widodo

조코 위도도

(Joko Widodo, 1961년~)

조코 위도도는 1961년 인도네시아 자바섬 수라카르타의 빈민가에서 태어났다. 가자마다 대학교에서 임업을 전공한 후, 가구 제조업에 종사하며 자수성가한 기업가로 성장했다.

2005년 수라카르타 시장으로 정치에 입문한 그는 2012년 자카르타 주지사로 선출되었고, 2014년 인도네시아 제7대 대통령에 취임했다. 그는 인도네시아 역사상 최초로 군부나 정치 엘리트 출신이 아닌 대통령으로, 서민 출신의 정치인으로서 국민의 큰 지지를 받았다.

재임 중 그는 인프라 개발, 보건 및 교육 개혁, 부패 척결 등을 추진했다. 특히 수도 이전 프로젝트인 누산타라(Nusantara) 건설을 주도하며, 자카르타의 과밀화와 환경 문제를 해결하고자 했다. 또한, 불법 어업 단속과 자원 수출 규제 등으로 국가 주권을 강화하는 정책을 펼쳤다.

2024년 10월, 조코 위도도는 대통령직에서 퇴임하고 고향인 수라카르타로 돌아갔다. 그는 환경 보호 활동에 참여하며, 정치 일선에서는 물러난 상태다.

그러나 그의 장남 기브란 라카부밍 라카가 2024년 대선에서 프라보워 수비안토의 부통령 후보로 출마하여 당선되면서, 조코 위도도의 정치적 영향력은 여전히 유지되고 있다. 이로 인해 그는 정치적 중립성 논란에 휘말리기도 했다.

그의 퇴임 이후에도 누산타라 수도 이전 프로젝트는 계속 진행 중이며, 조코 위도도는 이 프로젝트의 성공을 위해 비공식적으로 지원하고 있다.

제인 엘아비디네 벤 알리

Zine El-Abidine Ben Ali

제인 벤 알리
(Zine Ben Ali, 1936년~2019년)

제인 벤 알리는 1936년 튀니지의 함맘 수세에서 태어났다. 프랑스의 생시르 육군사관학교와 미국의 정보학교에서 교육을 받았으며, 튀니지 군과 정보기관에서 요직을 맡았다.

1987년 11월 7일, 제인 벤 알리는 당시 대통령 하비브 부르기바가 고령으로 국정 수행이 어렵다는 의학적 판단을 근거로 무혈 쿠데타를 일으켜 대통령직을 승계하였다. 이후 2011년까지 23년간 대통령으로 재임하며, 경제 성장과 여성 권리 증진 등의 성과를 내세웠다.

그러나 그의 정권은 부패, 언론 탄압, 인권 침해 등으로 비판을 받았으며, 특히 부인 레일라 벤 알리와 그 가족의 권력 남용과 부정 축재는 국민의 분노를 키웠다.

2010년 말, 한 청년 상인의 분신을 계기로 전국적인 반정부 시위가 확산되었고, 2011년 1월 14일 벤 알리는 사우디아라비아로 망명하였다. 이 사건은 '자스민 혁명'으로 불리며, 아랍의 봄의 도화선이 되었다.

제인 벤 알리는 2019년 9월, 사우디아라비아 제다에서 전립선암으로 사망하였다. 사망 당시 그는 튀니지에서 부패 및 인권 침해 혐의로 수차례 궐석 재판에서 유죄 판결을 받았으며, 총 200년 이상의 징역형이 선고되었다.

그의 사망 이후 튀니지는 민주주의 체제로의 이행을 지속하고 있으며, 벤 알리 정권 시절의 부정과 인권 침해에 대한 진상 규명과 정의 실현을 위한 노력이 계속되고 있다.

알리 압둘라 살레

Ali Abdullah Saleh

알리 압둘라 살레
(Ali Abdullah Saleh, 1942년~2017년)

알리 압둘라 살레는 하시드 부족 연합의 유력 가문인 알아흐마르(Bayt al-Aḥmar) 가문에서 태어나, 1958년 예멘 왕국군에 입대하여 군 경력을 시작했다. 그는 1962년 예멘 아랍 공화국 수립에 참여한 후, 1978년 7월 17일 예멘 아랍 공화국(북예멘)의 대통령으로 선출되었다.

살레는 1990년 5월 22일, 북예멘과 남예멘의 통일을 이끌어 통일 예멘의 초대 대통령이 되었으며, 이후 2012년까지 33년간 장기 집권하였다. 재임 기간 동안 그는 부족 간 균형을 유지하며 권력을 공고히 했고, 석유 수출을 통한 경제 개발을 추진했다.

그러나 그의 통치는 부패, 권위주의, 언론 탄압 등으로 비판받았으며, 2011년 아랍의 봄 당시 예멘에서도 대규모 반정부 시위가 발생하였다. 이에 따라 그는 2012년 2월 27일 부통령 압드라부 만수르 하디에게 권력을 이양하고 사임하였다.

2017년 12월, 살레는 후티 반군과의 동맹을 파기하고 사우디아라비아 주도의 연합군과 협력하겠다는 의사를 밝힌 직후, 후티 반군에 의해 사나에서 피살되었다. 그의 사망은 예멘 내전의 중요한 전환점이 되었으며, 이후 예멘은 지속적인 내전과 인도주의적 위기를 겪고 있다.

무아마르 무함마드 아부 민야르 알 카다피

Muammar Muhammad Abu Minyar al-Gaddafi

무아마르 카다피

(Muammar Gaddafi, 1942년~2011년)

무아마르 카다피는 1942년 리비아 시르테 근처의 베두인 부족 가정에서 태어났다. 젊은 시절 아랍 민족주의와 이집트의 가말 압델 나세르 대통령의 사상에 영향을 받아 군사학교에 입학하였고, 1969년 9월 1일, 자유장교 운동을 이끌며 무혈 쿠데타를 통해 이드리스 1세 왕을 폐위시키고 리비아 아랍 공화국을 수립하였다.

그는 '제3의 국제 이론'을 제시하며 아랍 사회주의와 이슬람 사회주의를 혼합한 독자적인 통치 체제를 구축하였다. 1977년에는 국가를 '대중의 국가'라는 의미의 '자마히리야'로 개편하고, 직접 민주주의를 표방하는 인민위원회를 도입하였다. 그러나 실질적으로는 권력을 독점하며 독재 체제를 유지하였다.

카다피는 석유 산업을 국유화하고, 교육과 보건 분야에 대한 투자를 확대하여 리비아의 사회 기반을 강화하였다. 동시에 아프리카 통합과 반제국주의를 주장하며 국제 무대에서 영향력을 확대하려 하였으나, 외국 테러 단체 지원과 인권 탄압 등의 이유로 국제 사회에서 고립되었다.

2011년 아랍의 봄 여파로 리비아에서 반정부 시위가 확산되었고, 내전으로 발전하였다. 그해 10월, 카다피는 고향 시르테에서 반군에 의해 생포된 직후 사망하였다. 그의 사망은 리비아 내전의 전환점이 되었으며, 이후 리비아에서는 정치적 혼란과 무력 충돌이 지속되고 있다.

무함마드 호스니 엘사이예드 무바라크

Muhammad Hosni El Sayed Mubarak

호스니 무바라크

(Hosni Mubarak, 1928년~2020년)

1928년 이집트 무누피아주에서 태어나 이집트 공군사관학교를 졸업한 후 군 경력을 시작한 호스니 무바라크는, 1973년 욤 키푸르 전쟁 당시 공군 사령관으로서 이집트 공군을 지휘하며 국민적 영웅으로 부상하였다. 그는 1975년 안와르 사다트 대통령에 의해 부통령으로 임명되었으며, 1981년 사다트 대통령이 암살된 후 대통령직을 승계하였다. 이후 2011년까지 약 30년간 이집트를 통치하였다.

무바라크는 집권 초기에는 중동 평화 협상에서 중재자 역할을 하며 미국과의 관계를 강화하였다. 그러나 장기 집권 동안 비상사태법을 지속적으로 유지하며 정치적 반대파를 탄압하고, 언론의 자유를 제한하는 등 권위주의적 통치를 이어 갔다. 이러한 통치는 부패와 경제 불균형을 심화시켰으며, 국민들의 불만을 증폭시켰다.

2011년 아랍의 봄 당시 이집트에서도 대규모 반정부 시위가 발생하였고, 결국 무바라크는 2011년 2월 대통령직에서 물러났다. 이후 그는 시위대에 대한 유혈 진압과 부패 혐의 등으로 기소되었으며, 2012년에는 시위대 살해 방조 혐의로 종신형을 선고받았다. 그러나 이후 재판에서 무죄 판결을 받았고, 2017년 석방되었다.

호스니 무바라크는 2020년 2월, 카이로의 군 병원에서 91세의 나이로 사망하였다. 그의 사망은 이집트 현대사에서 한 시대의 종말을 의미하며, 그의 통치에 대한 평가와 유산은 여전히 이집트 사회에서 논쟁의 대상이 되고 있다.

바츨라프 하벨

Václav Havel

바츨라프 하벨

(Václav Havel, 1936년~2011년)

바츨라프 하벨은 체코슬로바키아 프라하에서 부유한 지식인 가정에서 태어났다. 공산 정권하에서 부르주아 출신이라는 이유로 정규 교육에 제약을 받았으나, 극작가로서 활동을 시작하여 체코 문학계에서 주목받았다. 1968년 프라하의 봄 이후 공산 정권의 탄압이 심화되자, 그는 반체제 운동에 적극 참여하였다. 1977년에는 인권 선언인 『77 헌장』을 공동 작성하였고, 1979년에는 '부당하게 기소된 자들을 위한 방어 위원회'를 공동 설립하였다. 이러한 활동으로 인해 여러 차례 투옥되었으며, 가장 긴 수감 기간은 1979년부터 1983년까지였다.

1989년 벨벳 혁명으로 공산 정권이 붕괴되자 바츨라프 하벨은 체코슬로바키아의 마지막 대통령으로 선출되었고, 1993년 체코공화국이 독립한 후 초대 대통령으로 재선되었다. 재임 중에는 NATO 가입 추진, 시민사회 강화, 언론 자유 확대 등을 통해 체코의 민주주의 정착에 기여하였다.

바츨라프 하벨은 2011년 12월, 체코공화국 흐라데체크에서 75세의 나이로 사망하였지만, 그의 유산은 현재까지도 체코와 전 세계에서 기려지고 있다. 그의 저서와 연설은 민주주의와 인권에 대한 교육 자료로 활용되고 있으며, 체코 내외에서 그의 삶과 사상을 조명하는 전시회와 학술 행사가 지속적으로 개최되고 있다.

비드쿤 아브라함 레우리츠 욘쇤 크비슬링

Vidkun Abraham Lauritz Jonssøn Quisling

비드쿤 크비슬링

(Vidkun Quisling, 1887년~1945년)

비드쿤 크비슬링은 노르웨이 텔레마르크주의 퓌레스달에서 태어났다. 노르웨이 육군사관학교를 졸업한 후 군사 참모로 복무하였으며, 제1차 세계대전 이후에는 러시아에서 인도주의 활동에 참여하였다. 1931년부터 1933년까지 국방 장관을 지냈으며, 1933년에는 파시스트 성향의 정당인 '국민연합(Nasjonal Samling)'을 창당하였다.

1940년 4월 9일, 나치 독일이 노르웨이를 침공하자, 크비슬링은 독일의 지원을 받아 쿠데타를 시도하고 자신을 총리로 선언하였다. 이후 그는 1942년 2월 1일, 독일 점령하에서 괴뢰정부의 수반인 '국무총리(Minister President)'로 임명되어 1945년까지 재임하였다. 그의 정권은 나치 독일과 협력하여 유대인 박해 및 노르웨이 국민에 대한 탄압을 자행하였다.

1945년 5월, 독일의 항복 이후 크비슬링은 체포되어 반역죄, 살인, 횡령 등의 혐의로 기소되었고, 같은 해 10월 24일 오슬로의 아케르스후스 요새에서 총살형을 당하였다. 이후 그의 이름 '크비슬링(Quisling)'은 '매국노' 또는 '배신자'를 의미하는 일반 명사로 사용되고 있다.

모한다스 카람찬드 간디
Mohandas Karamchand Gandhi

마하트마 간디

(Mahatma Gandhi, 1869년~1948년)

마하트마 간디는 1869년 인도 구자라트주의 포르반다르에서 태어났다. 영국에서 법학을 공부한 후, 남아프리카공화국에서 인도계 이민자들의 인권을 위해 활동하며 비폭력 저항 운동의 기초를 다졌다.

인도로 돌아온 후 그는 영국의 식민 통치에 맞서 비폭력과 시민 불복종을 바탕으로 한 독립 운동을 이끌었다. 1930년의 소금 행진은 그의 대표적인 저항 운동으로, 영국의 소금세에 반대하여 수천 킬로미터를 행진하며 대중의 참여를 이끌어 냈다.

간디는 힌두교와 자이나교의 영향을 받아 '아힘사(비폭력)'와 '사티아그라하(진리의 힘)'를 실천하며, 인도 사회의 불평등과 차별에 맞서 싸웠다. 그는 인도의 독립뿐만 아니라, 인권과 평화의 상징으로 전 세계에 영향을 미쳤다. 그의 비폭력 저항 사상은 마틴 루터 킹 주니어, 넬슨 만델라 등 여러 인권 운동가들에게 영향을 주었으며, 오늘날에도 평화와 정의를 위한 운동의 지침으로 활용되고 있다.

마하트마 간디는 1948년 1월, 뉴델리의 비를라 하우스에서 기도회에 참석하던 중 힌두 극단주의자 나투람 고드세에 의해 암살되었다. 그의 죽음은 인도와 전 세계에 큰 충격을 주었으며, 이후 매년 1월 30일은 '순국자 추모의 날(Martyrs' Day)'로 기념되고 있다

오마르 하산 아마드 알바시르
Omar Hassan Ahmad al-Bashir

오마르 알바시르

(Omar al-Bashir, 1944년~)

오마르 알바시르는 1966년 수단 군사학교를 졸업하고, 이집트에서 군사 훈련을 받은 후 1973년 욤 키푸르 전쟁에 참전하였다. 1989년 6월 30일, 당시 준장으로서 쿠데타를 주도하여 민주적으로 선출된 사디크 알마흐디 정부를 전복하고 권력을 장악하였다.

오마르 알바시르는 재임 동안 수단에 이슬람 법률을 도입했고, 이로 인해 북부와 남부 간의 갈등이 심화되었다. 그는 2005년 남수단과의 평화 협정을 체결하여 오랜 내전을 종식시켰으며, 이는 2011년 남수단의 독립으로 이어졌다.

그러나 2003년부터 시작된 다르푸르 분쟁에서, 알바사르의 정부군과 친정부 민병대가 민간인에 대한 대규모 학살, 강간, 강제 이주 등을 자행하였다는 비판이 제기되었다. 이에 따라 2009년과 2010년 국제형사재판소(ICC)는 알바시르를 전쟁 범죄, 인도에 반한 죄, 집단 학살 혐의로 기소하였다. 이는 현직 국가 원수에 대한 최초의 ICC 기소 사례였다.

2019년 4월, 수개월간의 대규모 반정부 시위와 군부의 압력으로 알바시르는 축출되었으며, 이후 부패 혐의로 기소되어 수감되었다. 2020년 수단 정부는 그를 ICC에 인도할 의사를 밝혔으나, 실제 이송은 이루어지지 않았다.

2025년 현재, 그는 여전히 ICC의 기소 대상자로 남아 있으며, 수단 내 정치적 혼란으로 인해 그의 처벌 여부는 아직 불투명한 상태이다.

찰스 필립 아서 조지 마운트배튼윈저
Charles Philip Arthur George Mountbatten-Windsor

찰스 3세

(Charles III, 1948년~)

찰스 3세는 1948년 11월 14일 런던 버킹엄 궁전에서 엘리자베스 2세 여왕과 필립 공의 장남으로 태어났다. 그는 세 살 때 왕위 계승 서열 1위인 웨일스 공으로 지명되어, 영국 역사상 가장 오랜 기간 왕위 계승자로 지낸 인물이다.

그는 환경 보호, 지속 가능한 농업, 도시 재생, 대체 의학 등 다양한 분야에서 활동하며 공공 의식 향상에 기여했다. 특히 1976년 설립한 '프린스 트러스트(The Prince's Trust)'는 청년들의 자립과 취업을 지원하는 대표적인 자선단체로 성장했다.

2022년 9월 8일, 엘리자베스 2세 여왕이 서거하자 찰스 3세는 왕위에 오르며 영국과 14개 영연방 국가의 군주가 되었다. 그의 대관식은 2023년 5월 6일 런던 웨스트민스터 사원에서 거행되었으며, 이는 70년 만에 열린 영국 군주의 대관식이었다. 이날 찰스 3세는 전통적인 의식과 함께 다양한 종교와 문화를 포용하는 현대적인 요소를 포함한 대관식을 통해 새로운 시대의 군주로서의 역할을 상징적으로 보여 주었다.

2024년 초, 찰스 3세는 비공개 암 진단을 받고 치료를 시작하였다. 2025년 3월 27일에는 치료 중 부작용으로 인해 일시적으로 입원하였으나, 이후 빠르게 회복하여 공무를 재개하였다.

모하마드 나집 빈 툰 압둘 라작

Mohammad Najib bin Tun Abdul Razak

나집 라작

(Najib Razak, 1953년~)

말레이시아 제2대 총리인 압둘 라작 후세인의 장남으로, 정치 명문가에서 태어났다. 영국 노팅엄 대학교에서 산업경제학을 전공한 후 1976년 23세의 나이로 최연소 국회의원에 당선되며 정치에 입문하였다.

나집 라작은 2009년부터 2018년까지 제6대 말레이시아 총리로 재임하며, '1말레이시아(1Malaysia)' 정책을 통해 민족 간 통합과 경제 발전을 추진하였다. 그러나 재임 중 국영 투자 기업인 1MDB(1Malaysia Development Berhad) 설립과 관련된 대규모 부패 스캔들이 발생하였다.

2018년 총선에서 소속 연합인 국민전선(BN)이 역사상 처음으로 패배한 후, 나집은 총리직에서 물러났고, 이후 1MDB 스캔들과 관련하여 42건의 부패 및 자금 세탁 혐의로 기소되었다.

2020년 7월, 나집은 1MDB 스캔들과 관련하여 첫 번째 재판에서 유죄 판결을 받고 징역 12년과 벌금 2억 1천만 링깃을 선고받았다. 2022년 8월 항소가 기각되면서 수감되었으며, 2024년 2월 국왕의 사면으로 형량이 절반으로 감형되었다.

2025년 1월, 나집은 국왕이 추가로 발행한 '추가 명령서'에 따라 남은 형기를 가택 연금으로 전환해 줄 것을 요청하였고, 항소법원이 이를 받아들여 고등법원에서 해당 요청을 심리하도록 판결하였다. 현재 나집은 가택 연금 전환 여부를 둘러싼 법적 절차를 진행 중이며, 1MDB 관련 추가 재판도 계속되고 있다.

윈스턴 레너드 스펜서 처칠
Winston Leonard Spencer Churchill

윈스턴 처칠

(Winston Churchill, 1874년~1965년)

귀족 가문 출신으로, 그의 아버지 랜돌프 처칠은 보수당 정치인이었고, 어머니 제니 제롬은 미국 출신의 사교계 인사였다. 윈스턴 처칠은 하로우 학교와 샌드허스트 왕립육군사관학교를 졸업한 후, 군인으로 복무하며 쿠바, 인도, 수단, 남아프리카 등지에서 활동하였다.

이후 그는 1900년 보수당 소속으로 하원 의원에 당선되었으며, 이후 자유당으로 당적을 바꾸어 상무부 장관, 내무부 장관, 해군 장관 등을 역임하였다. 제1차 세계대전 중 갈리폴리 전투의 실패로 비판을 받았으나, 전후에는 식민지 장관, 재무 장관 등을 지내며 정치 경력을 이어 갔다.

1930년대에는 나치 독일의 위협을 경고하며 재무장과 대외 정책의 강화를 주장하였다. 1940년 5월, 네빌 체임벌린의 후임으로 총리에 취임하여 제2차 세계대전을 이끌었다. 그의 연설은 국민의 사기를 높였으며, 미국 및 소련과의 동맹을 통해 전쟁을 승리로 이끌었다.

전후 1945년, 윈스턴 처칠은 총선에서 패배하였으나 1951년 다시 총리에 선출되어 1955년까지 재임하였다. 1953년에는 문학적 업적을 인정받아 노벨 문학상을 수상하기도 했다. 또한, 화가로서도 활동하며 500점 이상의 작품을 남겼다.

그는 영국 역사상 가장 위대한 총리 중 한 명으로 평가되며, 그의 연설과 저술은 여전히 많은 이들에게 영감을 주고 있다. 그의 삶과 업적은 영화, 드라마, 전시회 등을 통해 지속적으로 조명되고 있다.

도널드 존 트럼프

Donald John Trump

도널드 트럼프

(Donald Trump, 1946년~)

도널드 트럼프는 1946년 뉴욕시 퀸스에서 부동산 개발업자 프레드 트럼프의 아들로 태어났다. 펜실베이니아대학교 와튼스쿨에서 경제학을 전공한 후, 가족이 운영하던 부동산 회사를 인수하여 '트럼프 조직(Trump Organization)'으로 재편하고, 뉴욕을 중심으로 고급 부동산 개발을 통해 명성을 쌓았다.

2004년부터 2015년까지 NBC의 리얼리티 프로그램 '어프렌티스(The Apprentice)'의 진행자로 대중적 인지도를 높였으며, 이를 바탕으로 2016년 미국 대통령 선거에 공화당 후보로 출마하여 힐러리 클린턴을 꺾고 제45대 대통령에 당선되었다. 재임 기간 동안 감세 정책, 규제 완화, 보호무역주의, 이민 제한, 파리 기후 협약 탈퇴 등 논란이 많은 정책을 추진하였다.

트럼프는 2020년 대선에서 조 바이든에게 패배했고, 선거 결과에 불복하며 발생한 2021년 1월의 의회 폭동과 관련하여 두 번째 탄핵 소추를 받았으나 상원에서 모두 무죄 판결을 받았다. 그는 이후 2024년 대선에서 카멀라 해리스를 누르고 승리하여 2025년 1월 20일 제47대 대통령으로 취임하였다.

리셴룽

Lee Hsien Loong / 李显龙

리셴룽

(Lee Hsien Loong, 1952년~)

리셴룽은 싱가포르 초대 총리 리콴유의 장남으로 태어났다. 그는 케임브리지 대학교에서 수학과 컴퓨터 과학을 전공하고, 하버드 대학교 케네디 행정대학원에서 공공행정학 석사 학위를 취득하였다. 1971년부터 1984년까지 싱가포르군에서 복무하며 준장까지 진급하였다.

리셴룽은 1984년 정치에 입문하여 국회의원으로 선출되었고, 이후 무역산업부 장관, 부총리, 재무 장관 등을 역임하였다. 2004년 8월 12일, 고촉통 총리의 후임으로 제3대 싱가포르 총리에 취임하였다.

재임 기간 동안 그는 싱가포르의 경제 성장과 사회 안정에 기여하였다. 그는 통화 정책의 안정화, 교육 및 보건 분야의 개혁, 디지털 경제로의 전환 등을 추진하였다. 또한, 2008년 글로벌 금융 위기와 2020년 COVID-19 팬데믹과 같은 위기 상황에서도 효과적인 대응을 통해 국가의 안정을 유지하였다.

국제적으로는 미국과 중국 사이에서 균형 외교를 유지하며, 아세안 (ASEAN) 내에서 싱가포르의 위상을 강화하였다는 평가를 받는다. 특히, 2018년 싱가포르에서 개최된 북미 정상회담을 성공적으로 주최하여 국제 사회에서의 중재자 역할을 수행하였다.

리셴룽은 2024년 5월 총리직에서 물러나며 20년간의 재임을 마무리하였다. 현재 '상임 장관(Senior Minister)'으로서 내각에 남아 있으며, 후임 지도부의 안정적인 정권 이양과 정책 연속성을 지원하고 있다.

니콜라이 알렉산드로비치 로마노프

Nikolai Alexandrovich Romanov

니콜라이 2세

(Nikolai II, 1868년~1918년)

니콜라이 2세는 1868년 러시아 제국의 차르 알렉산드르 3세와 마리아 표도로브나 황후 사이에서 태어나, 1894년 아버지의 서거로 제위에 올랐다. 그는 로마노프 왕조의 14번째 군주이자 마지막 차르로, 1894년부터 1917년까지 러시아를 통치하였다.

그의 통치 기간은 러시아 제국의 정치적, 사회적 불안정과 격변의 시기였다. 1905년 '피의 일요일' 사건과 제1차 러시아 혁명은 국민의 불만을 표출하는 계기가 되었으며, 이를 계기로 제한적인 입헌군주제 도입과 두마(의회) 설립이 이루어졌지만, 실질적인 권력 이양은 이루어지지 않았다.

니콜라이 2세는 외교적으로는 1907년 영국과의 앙글로-러시아 협정을 체결하여 독일의 팽창을 견제하려 하였으며, 국내적으로는 철도 확장과 산업화를 추진하였다. 그러나 이러한 노력에도 불구하고, 1904년 러일 전쟁에서의 패배와 제1차 세계대전에서의 군사적 실패는 국민의 불만을 더욱 증폭시켰다.

그는 1917년 2월 혁명으로 인해 퇴위하였으며, 이후 가족과 함께 억류되었다가 1918년 7월 17일 볼셰비키에 의해 예카테린부르크에서 가족과 함께 처형되었다.

그리고리 예피모비치 라스푸틴
Grigori Yefimovich Rasputin

그리고리 라스푸틴
(Grigori Rasputin, 1869년~1916년)

그리고리 라스푸틴은 1869년 시베리아 포크로브스코예 마을에서 농민의 아들로 태어났다. 정규 교육을 거의 받지 못했으나, 종교적 열정과 신비주의에 심취하여 순례자 생활을 시작하였다. 이러한 생활을 통해 '성자'로 불리게 되었으며, 특히 그에게 병을 치유하는 능력이 있다는 소문이 퍼졌다.

1905년경 상트페테르부르크에 도착한 라스푸틴은 러시아 정교회의 고위 성직자들과 교류하며 황실에 소개되었다. 당시 황태자 알렉세이는 혈우병을 앓고 있었고, 라스푸틴의 기도와 조언이 그의 증상을 완화시키는 데 도움이 되었다고 믿어졌다. 이로 인해 황후 알렉산드라와의 관계가 깊어졌으며, 황실 내에서 영향력을 확대하게 되었다.

그러나 라스푸틴의 영향력은 귀족들과 정치인들 사이에서 불만을 야기하였다. 그의 사생활과 정치 개입에 대한 비난이 증가하였고, 결국 1916년 12월, 귀족 펠릭스 유수포프와 그의 공모자들에 의해 암살되었다.

볼로디미르 올렉산드로비치 젤렌스키

Volodymyr Oleksandrovych Zelensky

볼로디미르 젤렌스키

(Volodymyr Oleksandrovych Zelensky, 1978년~)

볼로디미르 젤렌스키는 키예프 국립경제대학교에서 법학을 전공했지만, 특이하게도 법조계가 아닌 연예계로 진출했다. 그는 코미디언, 배우, 프로듀서로 활동하며 '크바르탈 95'라는 프로덕션 회사를 설립하였다. 그는 특히 2015년부터 방영된 텔레비전 시트콤 <국민의 종>에서 부패에 맞서 싸우는 평범한 교사에서 대통령이 되는 주인공을 연기하여 큰 인기를 얻었다.

이러한 인기를 바탕으로 2018년 말, 그는 정치 신인으로서 실제로 대통령 선거에 출마하였고, 2019년 4월 결선 투표에서 73% 이상의 압도적인 지지를 받아 제6대 우크라이나 대통령으로 당선되었다. 그의 당선은 기존 정치권에 대한 국민의 불신과 변화를 향한 열망을 반영한 결과였다.

대통령 재임 중 그는 부패 척결, 사법 개혁, 디지털 정부 구축 등을 추진하였으며, 2022년 2월 러시아의 전면 침공 이후에는 전시 지도자로서 국제 사회의 지지를 이끌어 내고 국민의 단합을 이끌어 내는 데 주력하였다. 그의 리더십은 국내외에서 높은 평가를 받았으며, 우크라이나의 유럽연합 가입 협상 개시 등 외교적 성과도 이루어 냈다.

2025년 4월 현재, 젤렌스키 대통령은 러시아와의 전쟁이 지속되는 가운데 평화 협상을 위한 국제적 노력을 이어 가는 중이다.

베니토 안드레아 아밀카레 무솔리니

Benito Andrea Amilcare Mussolini

베니토 무솔리니

(Benito Mussolini, 1883년~1945년)

베니토 무솔리니는 1883년 이탈리아 프레다피오에서 태어났다. 젊은 시절 사회주의 운동에 참여하며 언론인으로 활동하였고, 제1차 세계대전 중에는 이탈리아의 참전을 지지하며 사회당에서 제명되었다. 이후 1919년 파시스트 운동을 시작하여 1922년 '로마 진군'을 통해 권력을 장악하고 총리에 임명되었다.

그는 1925년부터 독재 체제를 확립하고, '일 두체(Il Duce)'라는 칭호를 사용하며 파시즘을 국가 이념으로 삼았다. 무솔리니는 언론 통제, 반대파 탄압, 대규모 선전 등을 통해 권력을 유지하였으며, 1935년 에티오피아 침공, 1936년 스페인 내전 개입, 1939년 알바니아 병합 등 제국주의적 팽창 정책을 추진하였다.

1939년 나치 독일과 '강철 조약'을 체결하고, 1940년 제2차 세계대전에 참전하였으나 연합군의 공세와 국내 반발로 인해 1943년 실각하였다. 이후 독일의 지원으로 북부 이탈리아에 괴뢰정권인 '이탈리아 사회공화국'을 수립하였으나, 1945년 4월 이탈리아 파르티잔에 의해 처형되었다.

나오면서

공자와 제자들이 태산 기슭을 넘을 무렵, 한 여인이 무덤들 앞에서 슬피 울고 있었다. 사연을 들어 보니, 몇 년 전 시아버지가, 몇 달 전 지아비가, 그리고 이젠 아들까지 호랑이에게 물려 죽었다는 것이다. 공자가 왜 여기를 떠나지 않느냐고 묻자, 여인은 여기엔 혹독한 세금이 없기 때문이라고 대답했다. 그러자 공자는 제자들에게, '가정맹어호(苛政猛於虎)' 즉 가혹한 정치는 호랑이보다 무섭다는 걸 잘 기억하라고 당부했다.
-『예기』「단궁하(檀弓下)」

인류가 만들어 낸 수많은 발명품 중 가장 위대하면서도 본질적인 것은 바로 '정치'입니다. 일개인은 늑대 한 마리조차 감당

할 수 없기에, 인간은 자연스레 집단생활을 해 왔고 그 결과 계급과 리더십이 등장했습니다.

현대사회에서도 인문, 사회, 경제, 과학기술, 의학, 예술, 체육 등 인류가 이룩한 모든 분야는 정치라는 거대한 그림자 아래 놓여 있으며, 이를 극복하거나 벗어날 수는 없습니다. '가정맹어호'라는 성어가 암시하듯, 정치의 영향력은 절대적으로 모든 영역을 압도합니다.

따라서 지금 우리에게 필요한 지도자는 인간의 잘못으로 인해 발생하는 인재(人災)를 바로잡고, 자연현상으로 인한 천재(天災)로부터 국민을 보호하는 '정(政)'과 '치(治)'의 조화를 이룰 줄 아는 인물입니다. 이 책이 국민이 원하는 올바른 정치 지도자를 이끄는 데 작은 밑거름이 되기를 바라고, 끝으로 이 저서 출판에 예산 지원을 해 주신 국립인천대학교에 감사드립니다.

정치의 모양

초판 1쇄 발행일 2025년 5월 23일

지은이 안성재

펴낸이 박영희
편 집 조은별
디자인 김수현
마케팅 김유미
인쇄·제본 제삼인쇄

펴낸곳 도서출판 어문학사
주 소 서울특별시 도봉구 해등로 357 나너울카운터 1층
대표전화 02-998-0094 **편집부1** 02-998-2267 **편집부2** 02-998-2269
홈페이지 www.amhbook.com
e-mail am@amhbook.com
등 록 2004년 7월 26일 제2009-2호

X(트위터) @with_amhbook
인스타그램 amhbook
페이스북 www.facebook.com/amhbook
블로그 blog.naver.com/amhbook

ISBN 979-11-6905-044-9(93140)
정 가 16,000원